W0395949

La fête est finie ?

Jérémie Peltier

La fête est finie ?

Éditions de L'Observatoire

ISBN : 979-10-329-1969-9
Dépôt légal : 2021, octobre
© Éditions de l'Observatoire/Humensis, 2021
170 *bis*, boulevard du Montparnasse, 75014 Paris

À tous les insouciants,
qui sont d'utilité publique.
À Nina, avec qui la vie est une fête.

« L'univers hyperfestif est très précisément celui où il n'y a plus de jours de fête. »

Philippe Muray, *Après l'histoire*.

« Quand il y a plus d'alcool sur le sol que dans les verres, c'est qu'il est l'heure de rentrer ; quand il y a plus de musique et que t'es tout seul sur la piste, il faut que t'arrêtes de danser.
Lalala, la fête est finie. »

Orelsan, *La fête est finie*.

« Les batailles perdues se résument en deux mots : trop tard. »

Douglas MacArthur.

Introduction

On passe notre vie à se raconter des histoires, à « s'inventer des vies », pour reprendre une expression moderne. La période pandémique n'a pas échappé à cette règle. Chaque jour enfermés dans nos demeures, nous nous prenions pour la Belle au bois dormant, persuadés de vivre dans un conte de Perrault ou dans un dessin animé de Disney. La Covid aurait été la malédiction de la méchante fée. Le confinement : la sieste maudite qui dure un siècle. Dès lors, le vaccin, Pfizer ou Moderna – ou autre ! –, sera le baiser du Prince charmant qui nous sortira de nos songes. Nous connaissons la fin heureuse de la Belle au bois dormant : nous pensons donc naïvement que nous allons, nous aussi, nous réveiller en pleine forme, que le royaume de France est à l'aube de sublimes « années folles » pleines de générosité, de légèreté et d'insouciance comme les années qui suivaient les conflits guerriers de jadis.

Hélas : ce que nous avons vécu n'a absolument rien à voir avec une quelconque guerre, et aucune sorte d'armistice ne sera signée afin de marquer le début de la fin du virus.

Besoin de festoyer, de s'exprimer, de séduire, d'être ensemble ! Que les perspectives sont réjouissantes ! Nous devrions donc recouvrer l'espoir. Nous sommes même à deux doigts de nous dire, comme c'est la coutume, « que la crise a été une chance pour le pays et pour le collectif », une chance pour *se réinventer* et reprendre du poil de la bête. Peut-être que, au moment où vous lisez ce livre, les images – car seules les images comptent ici-bas – de centaines de jeunes gens enfin libérés du masque et en train de boire des bières au bord de tel ou tel canal ont défilé tout l'été sur les chaînes d'info en continu, donnant le sentiment que ça y est : c'est bel et bien reparti. Il y a sans aucun doute un bandeau déroulant du type : « Les jeunes ont retrouvé la liberté », afin d'expliciter ce que vous êtes en train de regarder.

Peut-être même aussi que des festivals se sont tenus ou sont en train de se tenir, que les stades de foot accueillent de nouveau du public, que les salles de concert ont vu le retour de la horde des fans tatoués... Peut-être que ces images structurent et font le récit de la « nouvelle vie » qui s'ouvre sous nos yeux, en effet.

Peut-être. Ou peut-être pas. Peut-être aussi que rien de tout cela n'a encore eu lieu. Impossible à dire. Cela va trop vite. Mais, finalement, quel que soit le moment dans lequel nous sommes, quelles que soient les images qui donnent à voir l'état d'esprit des Françaises et des Français, pouvons-nous prendre quelques secondes pour nous demander lucidement et posément si, vraiment, nous assistons – ou allons assister – *au retour de la fête* ?

Je pose la question, car, on le voit bien, quelque chose ne tourne pas rond en France, s'agissant de la fête, et ce depuis un petit moment... Et toutes ces grandes envolées sur les prochaines Années folles – « Vous allez voir ce que vous allez voir après la crise ! » – ressemblent à une façon assez enfantine de cacher que la fête et son esprit étaient déjà en train de disparaître bien avant la pandémie.

Ce que j'entends par « la fête » ? Je veux parler d'un moment « séparé du reste », je veux parler de la joie, de la légèreté, de la spontanéité, de l'absence de sérieux et de l'art de s'amuser ensemble le temps d'une soirée ou d'un week-end. De l'insouciance momentanée, condition nécessaire pour faire encore la fête. La vérité, c'est qu'on ne voit pas en quoi la fin de la pandémie changerait quelque chose au délitement de la fête et de son esprit que l'on constatait depuis plusieurs décennies. La chute était en cours. Elle n'est pas terminée.

Quand on interrogeait les Français en septembre 2020, 74 % d'entre eux indiquaient que, dans leur vie, ils s'inspiraient de plus en plus des valeurs du passé (contre 65 % en juillet 2017) ; 68 % pensaient qu'en France, c'était mieux avant (contre 64 % en juillet 2017) ; et – seulement – 50 % considéraient que la société et l'humanité évoluaient vers toujours plus de progrès (contre 54 % en 2019)[1].

Voilà : l'air nous manque. D'ailleurs, les parents ou futurs parents ne se sont pas trompés : alors qu'on annonçait dès le début du premier confinement une hausse probable de la natalité (ces fameux « bébés covid »), le nombre de naissances en France a atteint en 2020 son plus bas niveau depuis 1945. Perte de confiance, sentiment d'insécurité et lucidité quant au fait que ces enfants grandiraient dans une France pas très drôle et pas très joyeuse ?

Mais pourquoi voir tout en noir quand on pense à l'avenir ? Peut-être me direz-vous que ce que nous allons vivre sera forcément mieux que ce que nous connaissions jadis avant la crise, car cela ne peut être pire ? Tout d'abord, il y a un élément « objectif » à mentionner pour illustrer que l'avenir ne sera pas une grande aventure festive, contrairement à ce que veulent nous faire croire certains « diseurs de bonne aventure », et que cela peut, en effet, être bien pire. Car quand bien même nos « lendemains de fête » nous ont manqué durant cette période (et je veux bien croire à la sincérité de celles et ceux qui l'ont exprimé ainsi), les effets secondaires de la crise sur le secteur de la fête seront nombreux. Il est évident que, plus que toute autre activité, le secteur de la fête a été le secteur le plus touché par la crise sanitaire en France.

Les boîtes de nuit ont été fermées pendant plus d'un an, les fêtes de mariage n'ont eu de cesse d'être annulées ou reportées, la fête du jour de l'an – déjà bien abîmée depuis moult années – n'avait pas la même saveur que les précédentes, et les « fêtes » à domicile, restreintes, ont dû s'organiser dans la plus grande discrétion sous peine d'une descente de police après plainte des voisins.

Dès lors, durant cette pandémie, c'est un pan important de la fête que l'on a sacrifié sur l'autel de la vie, et que l'on a vu disparaître lentement mais sûrement sous nos yeux. Le VIP Room, l'un des mythiques établissements de Paris, ne rouvrira jamais ses portes. En mai 2021, selon les calculs du SNDLL (Syndicat national des discothèques et lieux de loisirs), 25 % des boîtes de nuit étaient en difficulté sur les 1 648 discothèques que comptait la France avant la pandémie. Plus de 130 étaient en liquidation judiciaire. Le syndicat tablait alors sur 1 500 boîtes de nuit seulement qui pourraient rouvrir. Et je ne parle pas de tous les bars et autres lieux festifs qui vont devoir mettre la clef sous la porte, faute d'avoir eu les reins suffisamment solides pour tenir sans clientèle durant la crise[2]. Le bilan sera lourd. Et, pour le dire autrement, les lieux pour se réunir, danser, chanter, boire et rire (les lieux futiles et non essentiels, en somme) vont être tellement mis à mal qu'il sera moins facile de faire la fête après la pandémie, car nous manquerons vraisemblablement d'endroits pour la faire.

Par ailleurs, la période que nous avons vécue aura des conséquences sur le long terme dans les habitudes et comportements des individus. Angoissé d'être contaminé dès qu'il sortira de chez lui, l'individu post-Covid adoptera peut-être un certain nombre de comportements dont il ne voudra plus se défaire et qui sont pourtant peu compatibles avec la participation à une fête le cœur léger : port du masque quand il y a du monde, lavage de mains en permanence, crainte de la bise ou du serrage de main, paranoïa qui le rendra inadapté à toute forme de festivité avec autrui...

Tout cela, nous pouvons l'entendre, me direz-vous. Rien de nouveau. Et, surtout, qui nous dit que cela va se passer ainsi ? Après tout, dans une société amnésique comme la nôtre, qui oublie les attentats et les décapitations une semaine seulement après les hommages nationaux, tous ces « gestes barrières » seront peut-être oubliés six mois à peine après le retour à la vie normale ?

C'est possible en effet.

Mais, au-delà des effets de la crise sur le secteur de la fête, et même si quelques images nous donnent l'illusion que « ça repart », la réalité est que notre rapport à la fête s'était profondément métamorphosé depuis plusieurs années, et la pandémie n'y est finalement pas pour grand-chose. Cela relevait d'un processus de délitement long, une dégringolade enclenchée depuis plus d'une décennie. Ce que je veux dire, c'est que la fête, pour moult raisons, était déjà plongée dans un sommeil profond bien avant la Covid, qu'il n'y avait déjà plus grand monde pour faire danser la vie, et qu'il n'y a aucune raison pour que ce processus mortifère ne se poursuive pas.

Entre nous, un élément aurait dû nous interpeller : qui a défendu la fête et le secteur festif durant cette période ? Peu de personnes. Mis à part les professionnels du secteur, qui se sont retrouvés bien seuls et bien en peine pour exprimer leurs revendications, aucun grand mouvement de défense n'a émergé, comme cela a pu être le cas, par exemple, pour les librairies, que tous les bobos des grandes métropoles se sont mis à défendre à coups de tweets #Touchepasàmalibrairie, scandalisés que des endroits comme des supermarchés de province puissent avoir le droit de vendre des livres, oubliant qu'une grande partie du territoire national n'est tout simplement pas dotée de librairies. Mais ce n'est pas grave, quand on vit dans une bulle. C'est ce que révélait en effet un très bon article de *Slate*[3] publié le 3 novembre 2020, en plein cœur des « tweets de soutien » (#librairiesouvertes) : alors qu'il venait d'être décidé qu'aucun supermarché ni grande surface culturelle (de type Fnac ou Cultura) n'avait désormais le droit de vendre des livres, Christine Laemmel, l'auteure de l'article, rappelait que sur les 3 200 librairies que compte la France, 935 se trouvent dans la région Île-de-France, dont 700 dans Paris intra-muros. Une librairie française sur cinq se trouve donc à Paris, c'est-à-dire sur une surface de 100 kilomètres carrés. Par contre, si vous vivez à Lens, parmi les corons, vous ne trouverez aucune librairie. À l'inverse, vous aurez accès à un Cultura, plusieurs rayons livres de grandes surfaces et autres points de vente de marchands de journaux. Dans toutes les Hautes-Alpes, on ne dénombre que 9 librairies. Et si l'on se concentre sur la région Centre-Val de Loire, on s'aperçoit que de larges portions aux alentours de Chartres, Orléans ou Tours sont à plus de 20 kilomètres de tout point de vente de livres.

L'article résumait très bien cette situation : « Comment ériger la librairie en sacro-saint lieu de partage, symbole de tolérance et de grandeur d'âme comblant un besoin vital, quand celle-ci est physiquement absente du quotidien de la majorité des citoyens, dont celles et ceux qui souffrent déjà d'un manque d'accès global à l'éducation et la culture ? »

Passons sur les soutiens à géométrie variable et interrogeons-nous : pourquoi n'avons-nous pas défendu la fête, comme nous avons pu le faire avec autant d'entrain pour d'autres secteurs d'activité ? Pourtant, la fête en tant que « secteur événementiel » est un secteur qui emploie beaucoup de gens, qui « fait de l'argent », comme on dit, et qui est « universel » car touche l'ensemble du territoire, des générations et des classes sociales.

En outre, au-delà même de cette question, pourquoi avons-nous accepté avec autant de facilité la mise sous cloche de la fête, alors que nous étions prêts à faire la révolution si l'on nous interdisait de faire nos petits footings quotidiens et de promener notre chien ?

De quoi ce renoncement à la fête est-il le nom ? Est-ce un problème pour la vie en société et pour le fameux (fumeux) monde d'après ?

Si l'on considère, et c'est l'objet de cet essai, que la fête est d'abord une fête à la vie et à une certaine idée du collectif, ne pas la défendre serait-il le signe d'une société moribonde ou déjà morte ? L'enjeu est pourtant de taille dans une période où des islamistes nous attaquent en nous assenant qu'ils aiment la mort comme nous aimons la vie. Toute fête est une nouvelle expression de notre pulsion de vie, une victoire sur la mort que l'on sait pourtant inéluctable.

Mais comment peut-on faire la fête si l'on est déjà mort ?

Et, une nouvelle fois, ce ne sont pas les quelques buveurs de bière posés le long des canaux parisiens que nous avons observés avec effroi lors de l'apparition des premiers rayons de soleil durant la pandémie qui vont nous faire dire le contraire, ni même les danseurs de quelques soirées clandestines qui se sont fait choper en étalant leur bonheur sur Instagram, ni même la rave party organisée par quelques punks à chiens dans des hangars de Lieuron près de Rennes le soir du jour de l'an (rave party dont on avait eu le sentiment qu'elle avait mobilisé l'intégralité du gouvernement, des services secrets, voire du FBI[4]).

Si personne n'a défendu la fête durant la pandémie, c'est que la population française s'est accoutumée à la disparition de la fête depuis fort longtemps. Ah, je vous assure, il en aurait été totalement différent s'il s'était agi de la disparition d'Amazon, de la suspension momentanée de Netflix ou de la fermeture des magasins de bricolage. Et il était bien plus facile de mépriser la fête comme l'a fait le préfet du Centre-Val de Loire, assurant que la « bamboche était terminée » à la veille du second confinement, plutôt que d'expliquer qu'il fallait cesser de regarder des séries sur son canapé car cela vous rendait totalement débile et prenait trop de bande passante dans cette nouvelle société du télétravail[5].

En vérité, le préfet a sans doute raison. La bamboche est terminée. Cela fait bien longtemps que notre pays n'est plus une fête.

D'abord parce qu'il n'y a plus de distinction entre un moment festif et un moment non festif, il n'y a plus de séparation entre ce qui relève de la fête et de la non-fête. À force d'avoir voulu tout rendre festif, on a fait mourir la fête, ce moment léger où chacun dépassait son petit « moi », son petit être, ses petites angoisses personnelles. Comme l'a écrit Philippe Muray, l'un des plus grands auteurs ayant pensé la fête à travers son personnage d'*Homo festivus*, « toutes les fêtes d'aujourd'hui se situent au-delà des fêtes. L'univers hyperfestif est très précisément celui où il n'y a plus de jours de fête[6] ».

Pour le dire autrement, quand la bamboche est partout, la bamboche n'est nulle part.

Par ailleurs, si la fête est en état de décomposition depuis longtemps maintenant, c'est aussi parce qu'elle n'est évidemment pas compatible avec l'amour de soi et la privatisation de tout, et notamment des loisirs. Le narcissisme, le repli sur soi et la demande de sur-mesure ont tout simplement rendu la « fête » impossible. Narcisse n'est pas compatible avec Dionysos[7] comme l'a écrit Gilles Lipovetsky. Celui qui ne fait que s'aimer et se regarder ne peut plus faire la fête avec les autres. En fait, ce que l'on appelle encore « fête » aujourd'hui est autre chose qu'un moment festif. Quand on se regarde faire la fête plus qu'on ne la fait, quand on la montre plus qu'on ne la vit, quand on la raconte en direct plutôt que le lendemain (ou le surlendemain, si elle a été vraiment bonne), il en est malheureusement terminé de la fête telle qu'on l'entendait et la pratiquait naguère.

De surcroît, si notre pays n'est plus une fête, c'est que cet univers « hyperfestif » cache en réalité une société qui n'a plus le cœur léger et l'esprit insouciant comme jadis. C'est une ambiance de fête et de joie gratuites, spontanées, non maîtrisées qui semble s'être perdue au fil des années, comme si une partie du pays se prenait désormais trop au sérieux et était devenue rabat-joie, avait divorcé avec l'humour, la déconne et l'esprit français.

Comme le dit encore Muray, l'univers hyperfestif est « celui où disparaît cet abandon festif au principe de plaisir qu'était l'usage de l'humour, de la drôlerie, du mot d'esprit, du rire critique, du non-sens, des diverses formes de l'esprit de problématisation. L'univers hyperfestif est celui où toute plaisanterie se trouve plus que jamais guettée par le vautour vertueux ».

On sait que l'on est désormais guetté par ce « vautour vertueux », et que la fête est incompatible avec le retour de la morale et du puritanisme. Par conséquent, une civilisation qui aurait encore le sens de la fête ne serait pas devenue du jour au lendemain une civilisation qui se prend autant au sérieux.

Ce peuple qui ne fait que bavarder et qui est devenu très susceptible est tout simplement inadapté à la fête, entendue comme un moment léger et spontané, où l'on met parfois de côté ses problèmes personnels.

Il sera malheureusement très difficile de revenir en arrière, tant l'époque est devenue une thérapie géante et permanente, faisant des uns et des autres des êtres toujours plus malheureux et fiers d'exprimer leur malheur. Auparavant, on fermait la porte devant ces rabat-joie. Ils restaient loin de la piste de danse et tout allait bien. Mais quand toute chanson, tout film, tout match de football ou toute émission de variété française devient un meeting politique ou un événement caritatif, *un rappel à l'ordre*, c'est la fête qui a définitivement fermé ses portes.

Partant du postulat que la fête et l'esprit léger avaient déjà depuis bien longtemps disparu des radars, nous tenterons dans les pages qui suivent de comprendre quels en sont les symptômes et les conséquences, en essayant malgré tout d'imaginer à quoi pourrait ressembler la fête de demain en tant qu'« événement ». L'attrait pour le télétravail, l'utilisation du numérique, le repli sur soi, la fatigue existentielle et l'anticipation permanente qu'exige désormais l'époque sur nos loisirs transformeront durablement les événements festifs et les activités nocturnes. Car s'il n'y a plus de fête au sens noble du terme (joie, légèreté, bals populaires et bistrots), demeureront des « événements festifs », que tous les petits coachs modernes spécialistes en développement personnel se feront un plaisir d'organiser dans une ambiance cool et sympa.

En réalité, le virus n'a fait qu'accélérer des phénomènes déjà bien à l'œuvre dans la société française :

l'obsolescence des relations sociales[8], la célébration de soi et la demande de sur-mesure. Et il faut désormais admettre que la fête telle qu'on la connaissait n'est plus soluble dans l'amazonisation de la société, la civilisation du cocon[9] et l'autopromotion de sa propre vie.

Dans ces pages, il ne s'agira pas d'être optimiste plus que de raison, comme vous l'aurez compris. Simplement de dire que la phase qui s'est ouverte depuis le début des années 2000 n'a fait que s'accélérer durant la crise, et que cela n'augure rien de bon pour la fête. Le symbole absolu de l'ouverture vers « autre chose » est le phénomène « Loft Story », dont nous venons de fêter les vingt ans, à coups de reportages sur ce que sont devenus Jean-Édouard, Loana et leurs apôtres[10]. En ayant engendré, à tous les étages de la société, pléthores de générations de lofteurs (individus qui se croient célèbres après quinze likes sur une vidéo YouTube), nous nous dirigeons vers quelque chose de très surprenant, une sorte de fête obligatoire et permanente à laquelle tout le monde peut assister en direct, et morne aussi : une sorte de salade composée mal préparée, mais qu'il nous faudra digérer tant bien que mal, car on ne peut pas vomir éternellement.

Allez, même si vous pensez que la fête n'est pas encore finie, il est déjà temps de faire le bilan.

1

Le (bon) sens de la fête ou la fête dans le bon sens

La littérature, le cinéma et la chanson regorgent de morceaux qui célèbrent la fête, sans doute parce que c'est le lieu et le moment parfaits pour décrire les relations amoureuses, amicales, sociales, et pour donner à voir le tempo et l'âme d'une époque, les langues se déliant plus facilement lors des moments d'ivresse. « Le meilleur ami de l'homme est un cocktail », dit Basil, héros de la nouvelle de Fitzgerald intitulée *Une vie parfaite*[1]. Cela a bien changé, évidemment, depuis que le meilleur ami de l'homme est le chien.

Mais, pour le moment, plongeons-nous dans ces grands moments festifs, quand ils étaient encore dignes de ce nom, afin de regarder ce que la fête comportait avant comme grands traits que l'on pourrait qualifier d'« universels », qui touchaient autant les villes que les campagnes, les bourgeois que les prolos. En somme, quels sont, ou étaient, les éléments qui nous rassemblaient dans la fête, ces petites choses qui font que l'on se souvient des fêtes comme des moments, sinon heureux, tout du moins structurants dans nos vies, et non pas des moments nihilistes et de pure perdition comme le sont les rave party aujourd'hui ?

Nous allons, autant pour réfléchir que pour le plaisir, nous replonger dans des morceaux de fête afin de dresser ce qui caractérisait la fête dans un passé pas si lointain, pour mieux comprendre, sans doute, les transformations qu'elle a subies et le nouveau monde dans lequel nous sommes entrés. Prenons aussi ces quelques moments comme de petites parenthèses enchantées dont nous sommes évidemment nostalgiques, mais qui nous rappellent que l'époque n'a pas toujours été totalement déglinguée. Que nous avions, mes chers amis, quelques grands principes qui tenaient, couchés sur un matelas de légèreté, de bonne humeur et d'élégance.

Le principe de sélection dans la fête

Qui ne se souvient pas de ce moment d'excitation de l'enfance, lorsque l'on reçoit un carton d'invitation pour l'anniversaire d'un camarade de classe ? Cette excitation *d'en être*, de faire partie des gens choisis, sélectionnés ? On peut d'ailleurs imaginer que l'invitation ou la non-invitation à un anniversaire constitue pour un jeune enfant sa première expérience des relations sociales et de la compétition qui en découle. Il en est ainsi pour l'invité comme pour l'invitant. Aujourd'hui, le groupe Facebook (qui permet d'ailleurs de voir quelles sont les autres personnes qui ont eu la chance d'être conviées) a remplacé les cartons d'invitation envoyés par voie postale ou remis en main propre. Pourtant, l'excitation de faire partie des privilégiés, invités à un anniversaire, à une « soirée » ou à une « pendaison de crémaillère », participe de la fête. L'invitation à une fête est un gage de fierté, de reconnaissance. Et il s'agit d'ailleurs de le faire savoir et de le faire comprendre à autrui.

Dans *La parure*, une nouvelle de Maupassant parue en 1884, M. Loisel, petit employé du ministère de l'Instruction publique, est ainsi très fier de montrer à son épouse le carton d'invitation qu'il vient de recevoir :

> — Tiens, dit-il, voici quelque chose pour toi.
> Elle déchira vivement le papier et en tira une carte imprimée qui portait ces mots :
> « Le ministère de l'Instruction publique et Mme Georges Ramponneau prient M. et Mme Loisel de leur faire l'honneur de venir passer la soirée à l'Hôtel du Ministère, le lundi 18 janvier. »
> Au lieu d'être ravie, comme l'espérait son mari, elle jeta avec dépit l'invitation sur la table, murmurant :
> — Que veux-tu que je fasse de cela ?
> — Mais, ma chérie, je pensais que tu serais contente. Tu ne sors jamais, et c'est une occasion, cela, une belle ! J'ai eu une peine infinie à l'obtenir. Tout le monde en veut ; c'est très recherché, et on n'en donne pas beaucoup aux employés. Tu verras là tout le monde officiel.

Plusieurs éléments sont intéressants dans ce passage. D'abord, la fierté et l'excitation du mari qui arrive « l'air glorieux » comme un enfant heureux de rentrer chez lui avec un bulletin de notes satisfaisant qui lui vaudra les louanges de ses parents. Et on le comprend : l'obtention d'un carton d'invitation lui a, semble-t-il, demandé beaucoup d'efforts, une « peine infinie ». C'est une invitation obtenue par la sueur et la force du poignet. Car Mme et M. Loisel n'appartiennent pas au même monde et au même milieu social que les autres personnes invitées. La fête est un moment exceptionnel, extra-ordinaire, qui nous fait sortir de notre quotidien, de notre milieu, de nos habitudes.

Une sortie de l'assignation mêlée d'angoisse

En effet, le principe même de la fête permet traditionnellement de s'extraire de son milieu d'origine. C'est dans les fêtes que nous avons pu croiser des gens plus beaux ou moins beaux, plus riches ou moins riches, plus intelligents ou plus idiots que nous. Bref : différents. C'est la raison pour laquelle vous avez peut-être rencontré votre amoureuse ou votre amoureux lors d'une fête. D'ailleurs, 37 % des couples disent s'être rencontrés dans un contexte festif (fête, bal, discothèque), bien avant le lieu de travail[2].

C'est ce qui fait que vous vous souvenez sans doute de ces moments festifs. C'est en cela, d'ailleurs, que l'on comprend la moue de Mme Loisel. Comment va-t-elle pouvoir s'inscrire dans un moule qui n'est pas le sien, avec la crainte de se faire remarquer comme une tache au milieu d'un tee-shirt blanc ? C'est tout l'enjeu d'une fête : après avoir été sélectionné, encore faut-il au pire se fondre dans la masse, au mieux se faire remarquer pour de bonnes raisons.

Dans le film *Titanic*[3], alors que Jack (Leonardo DiCaprio) et Rose (Kate Winslet) terminent leur dîner mondain au milieu de gens profondément chiants, le premier propose à la seconde de l'emmener « dans une vraie fête », signifiant ainsi que ce qui précédait (le dîner) n'était ni amusant, ni drôle, ni rafraîchissant. S'ensuit alors une scène de danse irlandaise où la bourgeoise Rose se met à se déhancher, entre deux gorgées de Guinness et trois coups de poing qui fusent, concluant par un « Je n'avais pas fait ça depuis des années », qu'il faut entendre comme « Je ne m'étais pas permis de faire cela depuis des années ». La fête nous arrache de notre temps, c'est une bifurcation dans notre existence. Une cassure avec la routine. Un moment fait d'exceptions aux règles classiques et quotidiennes. Un moment de découverte de nouvelles personnes, comme la petite princesse dans le conte d'Oscar Wilde, *L'Anniversaire de l'infante*[4] : « Les jours ordinaires, on ne lui permettait de jouer qu'avec des enfants de son rang, si bien qu'elle devait toujours jouer seule. Mais le jour de son anniversaire faisait exception, et le roi avait donné ordre qu'elle invitât à s'amuser avec elle tous les jeunes amis qu'il lui plairait. »

Un moment de découverte de nouvelles personnes, mais également de nouveaux goûts, de nouvelles saveurs. Emma Bovary[5] en fait l'expérience lors du bal à Vaubyessard, où elle se rend avec son mari Charles :

On versa du vin de Champagne à la glace. Emma frissonna de toute sa peau en sentant ce froid dans sa bouche. Elle n'avait jamais vu de grenades ni mangé d'ananas. Le sucre en poudre même lui parut plus blanc et plus fin qu'ailleurs.

Premières grenades et premiers ananas, c'est dans les fêtes que l'on peut goûter à ce que l'on considérait comme inaccessible jusqu'alors, ou à ce qui nous était tout simplement inconnu.

Si l'on sort de notre milieu, cela signifie bien sûr que la honte peut parfois venir nous submerger. Emma en fait l'expérience lorsque son mari a soudainement la folle idée d'aller danser au bal (ce qui, dans un bal, ne semble pas totalement fou) :

— Les sous-pieds vont me gêner pour danser, dit-il.
— Danser ? reprit Emma.
— Oui !
— Mais tu as perdu la tête ! On se moquerait de toi, reste à ta place. D'ailleurs, c'est plus convenable pour un médecin, ajouta-t-elle.

La peur de la moquerie, la crainte de mal faire… La fête a toujours été un mélange d'excitation, d'angoisse et de honte, par la compétition sociale et la mise en scène qui lui sont intrinsèques. Elle permet un savoureux mélange. La fête peut susciter l'angoisse. L'angoisse de ne pas être « vu », de ne pas être remarqué, ou au contraire d'attirer l'attention comme une sorte de pièce rapportée. Chacune et chacun de nous a déjà vécu cela, en arrivant seul à une fête où nous ne connaissons pas grand monde. Sentiment d'être un cheveu sur la soupe, perdu au milieu de nulle part, ne sachant pas ce que l'on fait ici. L'angoisse, c'est aussi celle de ne pas être choisi pour parler ou pour danser. L'expérience de ne pas être choisi est rencontrée dans les cours d'école, quand vous attendez patiemment qu'un des deux chefs d'équipe vous appelle pour rejoindre la sienne. L'angoisse de la constitution des équipes dans une cour d'école est la même que celle suscitée par l'attente d'être choisie pour danser. C'est l'angoisse exprimée par Natacha Rostov dans *La Guerre et la Paix* de Tolstoï[6] :

> Est-ce que vraiment personne ne viendra m'engager ? Ne danserai-je pas parmi les premiers couples ? Ne serai-je pas remarquée de tous ces messieurs, qui maintenant semblent ne pas me voir ou, s'ils me regardent, ont l'air de dire : « Ah ! ce n'est pas elle, détournons les yeux. » Non, cela ne peut pas durer.

La fête, ce moment de mise en scène

C'est pourquoi, une fois l'excitation de l'invitation passée, il n'est pas rare que l'angoisse reprenne le dessus. Qui sera présent à cette fête ? Que faudra-t-il apporter ? Comment s'habiller ? C'est cette angoisse qui s'empare de Mme Loisel quand son mari lui rapporte le carton d'invitation :

— Que veux-tu que je me mette sur le dos pour aller là ?

Il n'y avait pas songé ; il balbutia :

— Mais la robe avec laquelle tu vas au théâtre. Elle me semble très bien, à moi...

Il se tut, stupéfait, éperdu, en voyant que sa femme pleurait. Deux grosses larmes descendaient lentement des coins des yeux vers les coins de la bouche ; il bégaya :

— Qu'as-tu ? Qu'as-tu ?

Mais, par un effort violent, elle avait dompté sa peine et elle répondit d'une voix calme en essuyant ses joues humides :

— Rien. Seulement je n'ai pas de toilette et par conséquent, je ne peux aller à cette fête. Donne ta carte à quelque collègue dont la femme sera mieux nippée que moi. [...] Il n'y a rien de plus humiliant que d'avoir l'air pauvre au milieu de femmes riches.

Ce va-et-vient entre angoisse et excitation est permanent, dans la fête. Mais la seconde prend toujours le pas sur la première. « L'angoisse est profonde dans la transgression authentique, mais, dans la fête, l'excitation la dépasse et la lève », notait Georges Bataille dans *Lascaux ou la Naissance de l'art*[7].

En sus de « l'invitation », d'où provient cette excitation qui dépasse l'angoisse ? Sans doute de la mise en scène qu'est la fête. En amont, rien n'y est laissé au hasard. Il y a une préparation, une tactique, une projection, comme pour préparer un match, un entretien d'embauche ou le premier jour de la rentrée des classes. Le choix des vêtements, de la parure, comme celui des cadeaux à apporter, s'élabore de façon stratégique. En manque de bijoux, Mme Loisel va d'ailleurs se révéler fine stratège en demandant à l'une de ses amies, Mme Forestier, de lui prêter l'une de ses rivières de diamants.

Conséquence de tout cela ? Mme Loisel va faire un tabac lors de la fête au ministère :

> Elle était plus jolie que toutes, élégante, gracieuse, souriante et folle de joie. Tous les hommes la regardaient, demandaient son nom, cherchaient à être présentés. Tous les attachés du cabinet voulaient valser avec elle. Le ministre la remarqua. Elle dansait avec ivresse, avec emportement, grisée par le plaisir, ne pensant plus à rien, dans le triomphe de sa beauté, dans la gloire de son succès, dans une sorte de nuage de bonheur fait de tous ces hommes, de toutes ces admirations, de tous ces désirs éveillés, de cette victoire si complète et si douce au cœur des femmes.

Maupassant ne s'y trompe pas quand il parle de « victoire ». La fête est un match, une partie de jeu, une compétition durant laquelle chacune et chacun tente de faire de son mieux. Il y a donc des gagnants et des perdants, des triomphes et des humiliations. Et, pour mettre toutes les chances de son côté, le choix des vêtements et de la parure est fondamental, comme le choix des pneus est fondamental pour un pilote de Formule 1. Bien avant l'arrivée de Vinted (marché en ligne communautaire qui permet de vendre, d'acheter, et d'échanger des vêtements et accessoires d'occasion), les trocs se faisaient déjà entre femmes et hommes pour s'aider et se donner quelques coups de main et s'échanger les armes de la fête. Car le vêtement est ce qui va donner « accès à » cet autre monde, l'arme utile sans laquelle le combat ne peut être mené.

On se souvient peut-être du film *Hors de prix*[8], dans lequel Gad Elmaleh et Audrey Tautou jouent tous les deux le rôle de parvenus qui, grâce à leur beauté, séduisent femmes et hommes riches afin d'être entretenus dans les plus beaux hôtels de Cannes, Biarritz, Saint-Tropez… Abandonnée par son mari au beau milieu de l'après-midi, Audrey Tautou finit par se retrouver seule, en peignoir, au bord de la piscine d'un hôtel de luxe. Plus d'argent, plus de chambre, plus rien. Sans armes, donc, pour se refaire (comme un joueur de poker qui n'a plus un jeton). Grand seigneur, Gad Elmaleh lui offre la seule arme dont elle a besoin pour revenir dans la partie et être de nouveau *compétitive* : une robe de soirée.

Un moment hors du temps, mais fait de rituels

Chaque fête a ses habitudes, ses traditions, ses symboles. La fête obéit en effet à certains rituels, permettant de construire ainsi une société, de nourrir par le symbole la vie des individus. La notion même de rituels est très importante, car ce sont eux qui donnent sens à la vie, qui donnent corps au collectif[9].

Tel est le rôle de l'anniversaire de la « naissance », par exemple, véritable « fête à la vie », qui, contre toute attente, a été célébré bien tardivement dans notre société. Dans un merveilleux livre, *L'Invention de l'anniversaire*[10], l'historien Jean-Claude Schmitt explique bien ce caractère tardif de la célébration de l'anniversaire de la naissance. La préoccupation de l'anniversaire était quelque chose d'exceptionnel à la Renaissance. Pendant longtemps, on s'est davantage préoccupé de la célébration du jour de la mort d'un individu que du jour de sa naissance. Selon Schmitt, « il faut attendre les cinquante-trois bougies du gâteau d'anniversaire de Goethe en 1802 pour assister véritablement à l'invention de l'anniversaire à peu près tel que nous le connaissons aujourd'hui ».

Au-delà d'un rite qui célèbre la vie, le moment de la chanson lors d'une fête d'anniversaire (Schmitt nous apprend que le chant « Bon anniversaire, nos vœux les plus sincères / Que ces quelques fleurs vous apportent le bonheur », etc., n'a été composé qu'en 1951, tandis que la chanson *Happy Birthday to You*, chantée dans les langues dans le monde entier, remonte à 1893 pour la musique et 1924 pour les paroles) nous rappelle aussi que les fêtes elles-mêmes sont ritualisées. Une fête, quand bien même elle s'affranchit des règles « classiques » de la vie ordinaire et rompt avec l'ordre établi, veille au respect d'un certain nombre de règles. Il y a des moments précis, avec un début, un milieu, une fin (pour l'anniversaire : la chanson, le gâteau, les cadeaux). Pour le dire autrement, tout n'est pas totalement déglingué, normalement, dans une fête.

Les grandes fêtes relatées dans la littérature sont évidemment celles de Gatsby dans le roman de Francis Scott Fitzgerald[11]. Et, quand bien même elles apparaissent de prime abord comme des moments de grand désordre, elles obéissent à des règles très particulières. Le voisin de Gatsby en fait la description suivante : à 7 heures, chaque soir, l'orchestre est en place. Ensuite, il se met à jouer « une musique jaune cocktail » tandis que « l'opéra des voix monte d'un ton » : « Un silence se fait ; le chef d'orchestre ajuste obligeamment son rythme au sien, et les bavardages se déchaînent aussitôt que circule la fausse rumeur selon laquelle elle serait la doublure de Gilda Gray, l'étoile des Ziegfeld Follies. La fête commence. »

C'est toujours la même chose, toujours le même ordre. Le rythme de la fête obéit à des codes qui font que la fête est fête, qui font que la fête est autre chose que la vie normale et la vie civile. C'est donc un moment libéré des contraintes habituelles, certes. Mais il ne suffit pas de déclarer « c'est la fête » pour que ce soit la fête. Ce n'est ni tout à fait les mêmes codes que l'extérieur, ni totalement l'anarchie, quand bien même les règles ressemblent à celles d'un parc d'attractions :

> Les gens n'étaient pas invités chez Gatsby, ils allaient chez lui, tout simplement [...]. Une fois sur place, ils se faisaient présenter par quelqu'un qui connaissait Gatsby ; après quoi, ils se comportaient selon les règles qu'on estime généralement être celles d'un parc d'attractions. Il leur arrivait de venir et de repartir sans même avoir fait la connaissance de Gatsby : ils étaient venus à la fête avec une simplicité de cœur qui valait billet d'entrée.

Une fête se raconte, mais après

La fête, c'est enfin un récit. On raconte les fêtes, quand elles sont réussies, évidemment. Mais aussi quand elles sont loupées. « Le récit de la fête est la moitié de la fête », dit un proverbe tadjik. Il y a un lendemain de fête, tout aussi important que la fête elle-même.

Raconter la fête est une occupation en soi. Les versions peuvent d'ailleurs changer d'un conteur à l'autre, ce qui leur donne toute leur saveur. Qui ne se souvient pas du plaisir et des rires partagés un lendemain de fête, en se remémorant avec ceux qui étaient présents ce qu'il s'est passé durant la soirée ? Qui n'a pas vécu ce plaisir de refaire le film de la soirée le lendemain au téléphone ? Raconter la fête : c'est un peu refaire la fête, du moins la prolonger. Car elle reste dans les mémoires. On en garde des souvenirs, on en parle le lendemain. On la commente après qu'elle s'est tenue (non pas au moment où elle se tient, comme aujourd'hui, nous en reparlerons plus loin). On en commente aussi les débris et les dégâts, car la fête laisse des traces, comme le décrit le voisin de Gatsby : « Et tous les lundis, huit domestiques, dont un jardinier engagé comme extra, besognaient toute la journée armés de serpillières, de brosses à récurer, de marteaux et de cisailles, pour réparer les dégâts de la veille. »

Bien évidemment, le lendemain de fête a aussi la faculté de nous bercer dans la mélancolie (« Je suis triste comme un lendemain de fête », dit Musset).

En effet, une fois les rires partagés le lendemain, de nouveau seul dans notre chambre, il n'est pas rare d'être plongé dans une profonde nostalgie sur ce qu'il s'est passé et qui n'est déjà plus. C'est la descente :

> Ce fut donc une occupation pour Emma que le souvenir de ce bal. Toutes les fois que revenait le mercredi, elle se disait en s'éveillant : « Ah ! il y a huit jours... il y a quinze jours..., il y a trois semaines, j'y étais ! » Et peu à peu, les physionomies se confondirent dans sa mémoire, elle oublia l'air des contredanses, elle ne vit plus si nettement les livrées et les appartements ; quelques détails s'en allèrent, mais le regret lui resta.

Cette nostalgie de la soirée du samedi soir est ce qui rend le dimanche parfois pénible, parfois maussade. Juliette Gréco, dans *Je hais les dimanches*, ne chantait pas autre chose :

> Tous les jours de la s'maine sont vides et sonnent le creux
> Y a pire que la semaine
> Y a l'dimanche prétentieux qui veut paraître rose et jouer les généreux
> Le dimanche qui s'impose comme un jour bienheureux
> Je hais les dimanches !
> Je hais les dimanches !

Sortir de nos vies et de leur isolement : le bal, c'est ensemble

Si nous sommes aussi facilement plongés dans la nostalgie et la mélancolie au lendemain d'une fête, une fois que nous nous trouvons de nouveau seuls, c'est bien parce que la fête est spécifiquement ce moment qui nous est offert pour sortir de nos vies et de notre isolement. La fête est un remède à l'éloignement et une parenthèse à nos soucis du quotidien.

Une parenthèse à nos soucis d'abord. La fête étant séparation d'avec la vie, les discussions de famille doivent normalement être laissées à la porte : « N'y avait-il pas d'autre endroit qu'un bal pour les conversations familiales ? », se demande Natacha Rostov dans *La Guerre et la Paix*. C'est aussi ce que décrit parfaitement l'ancien publicitaire Pierre Mayle, lorsqu'il nous parle des « fêtes votives » qu'organise durant l'été chaque village provençal en hommage à son saint patron, fêtes qui mêlent attractions foraines, bals nocturnes, aïoli pris en commun sur la place publique et courses derrière les taureaux : « La coutume veut que la fête du saint soit marquée par une célébration – la fête votive –, occasion pour tous les habitants du village d'oublier leurs dettes et leurs différends, de manger de boire et de danser ensemble, et s'adonner à ce que les anthropologues, avec leur don pour les expressions pompeuses, nomment la “cohésion sociale[12]”. »

« Ensemble », « cohésion sociale » : la fête est aussi parenthèse à l'isolement. C'est ce que dit M. Loisel à sa femme dans le passage déjà cité : « Mais, ma chérie, je pensais que tu serais contente. Tu ne sors jamais, et c'est une occasion, cela, une belle ! »

La fête est une « occasion » de voir du monde. C'est le cas pour les grandes fêtes de village et les bals populaires, par exemple. C'est un moment de partage, de communion. Elle n'est pas une fuite de sa vie, un oubli de soi, mais un pas en avant[13].

« Ils étaient venus à bout du premier litre. La vodka ne fait jamais mal lorsqu'on la boit à deux », écrit Sylvain Tesson dans *Le Phare*.

La fête est en effet un moment de communion. Un moment que l'on partageait véritablement ensemble, quand bien même personne ne proclamait en permanence l'expression de « vivre-ensemble ». C'est l'ambiance « fête de village » et « bals populaires » que décrit Jean Giono dans sa nouvelle *Prélude de Pan*[14] : « Depuis les écoles jusqu'à l'Arbre de la Liberté la rue était pleine de gens ivres de notre ivresse. Ça tournait, ça fluait, ça battait les murs comme les remous d'une eau. C'était comme une eau d'hommes, de femmes et d'enfants mélangés, et ça dansait jusqu'à la perdition des forces [...]. Maintenant, tout le village était dans la transe. »

« Tout le village était dans la transe ». L'ambiance « fête de village » et « bal champêtre » est en effet l'une des ambiances qui nous rendent nostalgiques de cette époque où la fête avait le goût de collectif et d'insouciance. Les pieds dans l'herbe ou assis sur des bancs en bois, ça chantait entre générations, des « mousses » à la main et l'accordéon pour fond sonore.

Cette ambiance est aussi bien décrite par Victor Hugo dans son poème *Fête de village en plein air*[15] :

Le bal champêtre est sous la tente.
On prend en vain des airs moqueurs ;
Toute une musique flottante
Passe des oreilles aux cœurs.

On entre, on fait cette débauche
De voir danser en plein midi
Près d'une Madelon point gauche
Un Gros-Pierre point engourdi.

On regarde les marrons frire
La bière mousse, et les plateaux
Offrent aux dents pleines de rire
Des mosaïques de gâteaux.

Cette ambiance de « musique flottante » est bien ce qui caractérise nos souvenirs de bals populaires et de fêtes de village. Qui ne se rappelle pas ces fêtes où les plus anciens dansaient avec élégance une valse qui vous faisait demander si vous-même un jour parviendriez à danser ainsi ? Qui ne se souvient pas d'une de ces valses euphoriques au son de *L'Accordéoniste* de Piaf ?

Elle écoute la java
Mais elle ne la danse pas
Elle ne regarde même pas la piste
Et ses yeux amoureux
Suivent le jeu nerveux

Et les doigts secs et longs de l'artiste
Ça lui rentre dans la peau
Par le bas, par le haut
Elle a envie de chanter
C'est physique
Tout son être est tendu
Son souffle est suspendu
C'est une vraie tordue de la musique

Piaf est sans doute l'une des artistes qui a le mieux parlé de ces bals populaires dans lesquels on allait le cœur léger une fois par mois. Elle le chante d'ailleurs dans la chanson *Les Flonflons du bal*, nous rappelant que Paris, jadis, avait une âme, et que l'on continuait de danser sans tenir compte de la morosité.

Les flonflons du bal
À grands coups de cymbale
Et l'accordéon
Secouent ma chanson
Les flonflons du bal
Donnent un festival
En dessous de chez moi
Tous les soirs du mois

Les flonflons du bal
À grands coups de cymbale
Et l'accordéon
Secouent ma chanson
Quand j'ai du chagrin
C'est le même refrain
Qu'on soit presque mort
Ils jouent aussi fort

Dans son livre, *Nos cœurs sauvages. Enquête sur le vertige du choix amoureux*[16], France Ortelli définit l'âge d'or du bal entre 1959 et 1983, et décrit très bien nos bonnes vieilles guinguettes : « Les ampoules multicolores inondant de lumière une piste de danse improvisée sur laquelle se côtoient sociopathes et enfants de bonne famille... une telle ambiance a tout pour faire rêver les célibataires d'aujourd'hui. »

En effet, le bal était précisément ce qui permettait de sortir les célibataires de l'isolement et, par extension, de fonder une famille. C'est ce que montre bien Pierre Bourdieu avec son essai *Le Bal des célibataires*[17], dans lequel il analyse le rôle des festivités dans la reproduction sociale dans la paysannerie béarnaise du début du XXe siècle, et les conséquences de leur disparition progressive, comme le célibat : « Le célibat est un des drames les plus cruels que la société paysanne ait connus au cours des dernières décennies. Il a contribué [...] au dépérissement et à la disparition des petites entreprises agricoles qui étaient au fondement de l'ordre rural d'autrefois. »

La fête, c'est un retour à l'enfance

« Enfance » est évidemment un terme associé à l'idée de fête. Les premières fêtes vécues sont en effet celles de nos anniversaires. Dès lors, chaque anniversaire, même s'il signifie un an de plus, est finalement, et davantage qu'on ne le croit, un retour en enfance. Le fait que vous continuiez à souffler des bougies comme un enfant alors que vous avez cinquante ans en est la preuve irréfutable. Tout le monde se souvient avec nostalgie des premiers cadeaux de ses parents, des enveloppes de ses grands-parents et des premières fêtes organisées à la maison.

Par ailleurs, qui n'a pas ressenti cette impression d'avoir tout à coup une « seconde jeunesse » en pleine fête ou en pleine danse ? Tout le monde, même le prince André après avoir dansé avec Natacha Rostov : « Le charme de la jeune fille le grisa et lui monta à la tête. Et il éprouva comme un regain de jeunesse et de vie lorsque, tout essoufflé, après l'avoir reconduite à sa place, il s'arrêta pour regarder les autres danseurs[18]. »

« Un regain de jeunesse et de vie » : la fête était l'enfance, jadis, car elle offrait ce regain de jeunesse. Un retour aux jeux d'antan, aux danses d'avant. Une façon de jouer et de s'amuser comme on ne pouvait normalement pas le faire en dehors de la fête et dans la « vraie vie ». Un moment où l'on pouvait se déguiser et se draper de choses originales et drôles, comme lors de nos premiers carnavals ou nos premières kermesses d'école.

Au-delà, la fête est aussi un retour à l'enfance, car c'est une ode à la joie de vivre, sans angoisse, sans contraintes, sans soucis, sans préoccupations d'argent et de couple. On oublie tout cela le temps d'une fête, à laquelle on se rend le cœur léger. En fait, la fête est ce qui permet, à tout âge, de conserver et de travailler notre « esprit d'enfance ».

Dans un merveilleux essai intitulé *Esprit d'enfance*[19], le philosophe Roger-Pol Droit en parle justement. Nous avons été enfants. Nous ne le sommes plus. Mais l'« esprit d'enfance » n'a de limites ni dans le temps ni dans l'espace. C'est pour lui une « réserve de vie, de création » qui demeure même après : « J'appelle esprit d'enfance une façon d'être au monde qui n'a rien à voir avec les ans ni avec les compétences. Un regard qui s'étonne, qui ne sait pas parler de ce qu'il voit, ou bien n'en parle pas habilement ni savamment. Une sensibilité que les émotions submergent, saturent, bouleversent, sans possibilité de prendre ses distances. [...] Une faiblesse et une force démesurée. »

Pour Roger-Pol Droit, l'esprit d'enfance, c'est singer, c'est perturber le sérieux. C'est se détacher des événements et sortir de la maîtrise de soi, c'est se laisser aller à ses émotions. C'est se marrer quand notre tasse de café déborde car on a n'a pas arrêté la machine pour cause de SMS hyper important auquel il fallait répondre ; c'est ne pas s'agacer alors qu'on ouvre notre poche et que l'on s'aperçoit que notre gel hydroalcoolique s'est malencontreusement ouvert et qu'on en a mis partout.

Or quoi de mieux que la fête pour cultiver cet esprit d'enfance ?

Ivresse, hasard et amitié

« Sans alcool, la fête est plus folle ». Ce célèbre slogan d'une marque de cocktails sans alcool, popularisé au début des années 2000, semble représentatif d'une nouvelle époque. Mais, traditionnellement, fête et alcool faisaient bon ménage. Les plus grands ont utilisé les plus belles formules pour mettre des mots sur ce qui était jadis la norme : l'ivresse comme légèreté et comme condition de la fête légère. Ainsi Philippe Noiret, *alias* Bénin, dans *Les Copains*[20], l'extraordinaire et rafraîchissant film d'Yves Robert, qui ose : « Les liens du vin, quand il est bon, sont aussi forts que ceux du sang. » Véritable ode à l'amitié, ce film d'Yves Robert, qui nous rappelle que le cinéma fut jadis simple, sans message sociétal imposé ou hyper visible, sans gravité, sans rien d'autre que de l'amusement (sans être beauf pour un sou), est aussi une ode au hasard, à la joie spontanée, au plaisir qu'offre un dîner, une soirée ou une aventure non prévue. Le projet de la bande de copains est assez simple : traquer la sottise et « mettre en relief l'imbécillité par une démonstration de fête » !

En ce qu'elle est lucide sur l'absurdité des choses, des gens et de l'époque, la fête est en effet une arme redoutable contre la sottise et les ahuris en tout genre. Pour le démontrer, les sept copains (Philippe Noiret, Guy Bedos, Michael Lonsdale, Christian Marin, Pierre Mondy, Jacques Balutin, Claude Rich), après un dîner bien arrosé dans une brasserie parisienne (car « aucun projet ne peut être conçu en étant à jeun »), profitent de trois semaines de vacances pour partir spontanément, véritablement sur une impulsion, faire les quatre cents coups à Issoire et Ambert, deux paisibles communes du Puy-de-Dôme, choisies au hasard sur une carte de France. Ce que nous enseigne ce film, c'est que l'amitié, la véritable amitié, ne naît pas lors de « p'tites soirées » et de « p'tits verres », et n'aurait aucune chance de survivre sans la folie des grandeurs qu'elle a connue depuis sa naissance. Le génie des amitiés naît de l'allégresse partagée. « Si j'ai cherché l'ivresse, c'est pour atteindre le génie[21] », dit encore Philippe Noiret.

Le grand film de Mario Monicelli *Mes chers amis*[22] résume parfaitement le projet, et insiste lui aussi sur l'importance de la spontanéité et de l'imprévu pour que l'amitié soit véritablement une fête. C'est ce que Ugo Tognazzi, Gastone Moschin, Philippe Noiret et Duilio Del Prete appellent l'« humour tziganade » : partir avec ses amis à l'aventure en faisant confiance au hasard, sur un coup de tête, sans but, sans rien prévoir, pour une évasion qui peut durer un jour comme une semaine. Toute la beauté de la « tziganade » ressemble à cela : la liberté, l'inventivité, le désir, la générosité. C'est se retrouver à une heure imprévue, se rendre à une soirée improvisée, et la soirée dérape, se retrouver avec des amis dans une voiture dont on ignore l'identité du chauffeur, c'est danser avec des inconnus, c'est se laisser glisser ensemble sur les vagues du hasard et finir par manger des huîtres à 6 heures du matin, les poches pleines de tickets de carte bleue. C'est boire ensemble jusqu'à la dernière goutte pour faire déborder le vase.

L'esprit de fête est un cocktail qui mélange l'ivresse, l'amitié et le hasard. Mais tout cela ne donne rien sans un trait de caractère central, qui donne sens à l'ensemble : la générosité. On ne parle pas ici des cadeaux offerts à Noël ou lors d'un anniversaire (même si c'est un élément important), car cela, tout le monde finalement est capable de le faire. Non, on parle de la générosité dans l'énergie que l'on donne à l'événement, du change que l'on donne aux discussions, de la façon dont on épouse la fête avec l'unique objectif de l'alimenter, de la faire durer, de « remettre une pièce dans le jukebox », comme on dit. En somme, faire preuve de générosité lors d'une fête, c'est tout faire, quels que soient ses moyens, pour que celle-ci soit la plus belle possible et ne s'arrête jamais. Ainsi seulement on peut parler de fête, d'esprit de fête, voire d'« esprit de jeu ».

Dans son livre[23], *La Vie rêvée du joueur d'échecs*, Denis Grozdanovitch nous fait part de ce qu'il tire comme enseignements de ses nombreuses années d'observation des échecs : ses parties, ses clubs (« cercles »), ses partenaires, ses adversaires, nous montrant à quel point le « grand univers » de l'échiquier dit beaucoup de nous, de nos sociétés et de notre façon de penser. Et il nous offre, lorsqu'il parle du jeu et de l'« esprit du jeu », une définition qui colle parfaitement à cet esprit de fête dons nous parlons : « La gratuité, l'aléatoire, la camaraderie, la jubilation du beau geste et le fair-play, autrement dit, le plaisir sous toutes ses formes. »

Vivre ensemble, ivres ensemble.

Fête, danse et séduction : un trio célèbre

Au même titre qu'on ne peut penser la fête sans l'ivresse et sans le hasard, il a été pendant longtemps difficile de penser la fête sans la danse. Bolkonsky résume parfaitement cela dans *La Guerre et la Paix*, « Au bal il faut danser[24]. » Mais, s'il faut danser, c'est aussi que la danse est un outil de séduction, nous rappelant que fête et séduction ont longtemps été indissociables. C'est ce qui fait battre le cœur des femmes et des hommes, sans avoir besoin d'inhaler un quelconque produit chimique. Il en est ainsi pour Musset dans *La Confession d'un enfant du siècle*[25] :

> Je tenais dans mes bras une superbe danseuse d'un théâtre d'Italie, venue de Paris pour le carnaval [...]. Lorsque la valse fut finie, je me jetai sur une chaise au fond d'un boudoir ; mon cœur battait, j'étais hors de moi [...]. Mais quel est l'homme qui croit avoir vécu, s'il nie la puissance des femmes ? s'il n'a jamais quitté une belle danseuse avec des mains tremblantes ? s'il n'a jamais senti ce je-ne-sais-quoi indéfinissable, ce magnétisme énervant qui, au milieu d'un bal, au bruit des instruments, à la chaleur qui fait pâlir les lustres, sort peu à peu d'une jeune femme, l'électrise elle-même, et voltige autour d'elle comme le parfum des aloès sur l'encensoir qui se balance au vent ?

Fête, danse et séduction : cocktail parfait pour se sentir vivant. Pas besoin d'autres substances pour faire battre son cœur et faire trembler son corps.

C'est également le cocktail qui faisait le charme des boîtes de nuit dans les années 1990. Frédéric Beigbeder le décrit très bien dans *Vacances dans le coma*[26] :

> La danse est un évanouissement en boucle, une philosophie frénétique, une théorie de la complexité. La danse s'appelle reviens. C'est le tour de manège de chevaux numériques sur un carrousel détraqué [...]. C'est Paris dans la danse, un début d'apothéose. La multitude de corps en lévitation gracieuse. Ils ne font plus qu'un dans le tempo métronomique des boîtes à rythme. Les têtes ne portent qu'un seul corps, et cette pieuvre n'émet qu'un seul cri, monstrueux de pureté [...]. Bienvenue dans la nouvelle église païenne à laser holographique tridimensionnel : rejoins-les vite, ceux qui croient dans le néo-disco.

Il y avait du bon dans l'ambiance des boîtes de nuit. Tout ce qui les entoure d'abord : le dîner qui s'étend jusqu'à 2 heures du matin, le trajet en taxi après s'être repoudré le nez avec vos amis, l'attente dans la file qui vous paraît beaucoup plus longue que la dernière fois, l'entrée dans la boîte (« Une bouteille ? Deux ? Une table ? ») et la dépose des affaires dans le vestiaire, en tâchant de glisser dans les poches le strict nécessaire tout en mettant le ticket de votre manteau dans un endroit que vous ne pourrez pas oublier, même dans de piteux états. Et tout ce qui va suivre, évidemment : des regards échangés avec des inconnus au bar jusqu'aux discussions impromptues dans les escaliers des toilettes, de la saveur si enivrante d'un parfum lorsqu'il est mêlé à la fumée de cigarette jusqu'à la sensation évidemment, au bout de plusieurs heures, de ne plus vraiment tout contrôler.

2

Pourquoi la fête est-elle malade ?

« Mais enfin, regardez les grandes fêtes, les grands rassemblements, les victoires de l'équipe de France de football fêtées dans la communion la plus totale ! Nous vivons la continuité des grandes fêtes légères d'antan ! » C'est ce que diront celles et ceux qui veulent se convaincre que rien de tout ce qui est décrit ci-dessus, qu'il s'agisse de la fête ou de l'esprit de fête, n'a changé, que l'insouciance est là et bien là, et qu'il y a mille preuves pour s'apercevoir d'une euphorie généralisée dans le pays. La seule différence, oseront-ils, c'est que Dionysos, le dieu de la vigne, du vin, et des excès, a définitivement gagné la partie !

Pourtant, on sent bien qu'il y a un problème. On a beau se rassurer, se persuader qu'il y a une continuité historique dans ce que nous vivons et dans les fêtes qu'on nous propose, le sentiment d'être dans une époque totalement déglinguée et pas des plus marrantes revient souvent. Ce que l'on croit encore vivant est en fait déjà mort, ce que l'on croit avoir conservé des fêtes du passé est en fait castré, pasteurisé, désinfecté[1]. Et ce problème date de bien avant la crise sanitaire.

Pourquoi ce sentiment ?

D'abord, une société qui ne reçoit que l'ordre de s'amuser, l'ordre de s'éclater en permanence aurait dû constituer un élément d'alerte, et nous amener à nous pencher sérieusement sur notre état. Si la fête et son esprit sont malades, si tout cela a disparu sans que nous nous en apercevions et nous en émouvions, c'est que la fête n'est plus identifiable, plus séparable du reste. La fête participe désormais du flux et de la vie quotidienne, alors qu'elle était justement rupture avec la société et la vie quotidienne. Au même titre qu'être ami avec tout le monde, c'est n'être ami avec personne, la fête tous les jours, c'est la fête jamais. Par ailleurs, si la fête et son esprit sont aujourd'hui bien mal en point, c'est que la fête passe son temps à se regarder. Alors que la fête se racontait le lendemain, elle se raconte et se filme désormais en temps réel. En somme, les gens ne font plus la fête, mais fêtent qu'ils fêtent. La fête semble en état de mort cérébrale, car, comme nous le disions plus haut, Dionysos n'est pas compatible avec Narcisse.

Enfin : quand on se prend au sérieux alors que tout ce qui se passe est absurde, et que tout – donc la fête et les moments qui étaient jadis des parenthèses – devient prétexte à une thérapie et à l'expression des malheurs de la société et de ses malheurs personnels, c'est l'esprit même de fête, qui suppose un dépassement momentané des événements, qui est rendu impossible.

Fête tout le temps, fête nulle part

Comme on l'a vu plus haut, l'existence même d'une fête suppose des moments sans fête. Pour qu'il y ait fête, celle-ci doit demeurer l'exception. En effet, de même que le sacré a besoin du profane pour rester sacré et que l'intimité a besoin de la société pour rester intimité, la fête a besoin de la non-fête, de sérieux, d'austère, de réalité et de vie quotidienne. Or, si notre société a mal à la fête et que cette dernière est morte bien avant la pandémie, c'est que la fête est devenue permanente, continue, quotidienne, sans rupture aucune, et qu'elle n'est plus séparable du reste. Nous l'avons vu, le grand Philippe Muray a brillamment théorisé ce nouvel individu « festif » en nommant *Homo festivus* celui qui habite désormais dans cette ère hyperfestive : « Dans le monde hyperfestif, la fête n'est plus en opposition, ou en contradiction, avec la vie quotidienne ; elle devient le quotidien même, tout le quotidien et rien que le quotidien[2]. »

Par conséquent, les principes de la fête évoqués plus haut ne tiennent plus dans une époque hyperfestive. Et tout ce que nous vivons désormais n'a plus grand-chose à voir avec ce que nous fêtions avant. Cette « festivisation intensive » dont nous parle Muray n'a alors plus rien de comparable avec le « festif classique et localisé » comme les kermesses de jadis ou le carnaval, désormais « noyés dans le festif total[3] ».

La joie d'être et la joie de vivre étaient des exceptions. Elles sont devenues des injonctions. La fête était une rupture momentanée avec l'ordre, mais le désordre est devenu permanent. Les lieux « non festifs » par excellence doivent désormais rentrer dans le rang et se plier au jeu pour donner l'illusion d'une époque cool, sympa et transgressive. Ainsi, chacun des magasins que vous fréquentez doit être une fête en miniature (grâce à la musique et aux diverses ambiances), chaque rue que vous traversez doit être une expérience festive et ludique grâce au décor et aux animations quotidiennes, chaque espace doit être une piste de danse qui brille de mille feux.

Des exemples ? Le musée national de l'Histoire de l'immigration à Paris, ancien musée des Colonies (rien de très festif, par définition), a accueilli en janvier 2020 la clôture de la Fashion Week. C'est Christian Louboutin, l'inventeur de chaussures à 600 euros, qui inaugurait cette dernière édition parisienne en recevant le Tout-Paris dans ce lieu chargé d'histoire qu'est le palais de la Porte-Dorée[4].

La tour Eiffel, tel un enfant qui aime se déguiser, change ainsi de panoplie tous les quatre matins, pour fêter tel ou tel événement, dire merci, rendre hommage, comme si elle-même participait à un bal costumé permanent. La ville de Paris elle-même devient chaque été avec Paris Plages une grande aire de jeux.

C'est l'ensemble de l'espace public, donc les lieux historiques, qui sont devenus des scènes de spectacle, d'immenses cours de récréation participant à la *festivisation* générale de la société. La « fête du patrimoine » a bien eu lieu : la musique est rentrée dans les palais et n'en sortira plus. La fête était un moment à part, elle fait désormais partie du flux.

Un autre exemple concerne notre rapport à la musique. Comme nous l'avons vu plus haut, fête et musique étaient un couple solide. La fête offrait une parenthèse musicale dans la vie des individus, et la danse en était le fruit. Aujourd'hui, la musique est partout, tout le temps. L'essor des AirPods (ces écouteurs sans fil produits par Apple) donnerait presque le sentiment qu'ils font partie intégrante des oreilles des individus. La greffe a pris. La musique est là, tout le temps. Il n'est même plus besoin de relier vos écouteurs grâce à un fil, symbole supplémentaire que nous ne sommes plus reliés à rien. Elle est partout. Êtes-vous déjà entré dans une parfumerie Sephora, notamment celle des Champs-Élysées à Paris ? C'est un concert géant, une expérience musicale digne d'une boîte de nuit, l'odeur de patchouli en prime.

Dans son magasin situé dans le centre commercial des Quatre-Temps à La Défense, l'enseigne propose même aux clients de personnaliser au mieux leur visite jusqu'à choisir la musique diffusée dans le magasin[5]. Vous êtes donc en boîte de nuit, et vous pouvez choisir la musique vous-même plutôt qu'un DJ ne le fasse à votre place.

Le travail doit également jouer le jeu de la fête permanente, au risque d'être condamné pour atteinte au bonheur d'autrui. L'entreprise doit désormais être une fête continue, car la limite entre moment festif et vie professionnelle est tout bonnement abolie. D'où l'overdose au cours des dix dernières années de concepts tous aussi fumeux les uns que les autres comme *chief happiness officer* (« directeur général du bonheur au travail ») ou *team building* (« renforcement d'équipe »), qu'il faut comprendre comme « le travail étant devenu une fête, vous devez être heureux ensemble et fiers d'y être invités ».

Conséquence : si j'ai le sentiment que mon travail n'est pas une fête, c'est qu'il y a un problème ou que je suis un ignoble grincheux. Cette hypocrisie du bonheur au travail fait de parties de baby-foot et de séminaires de cohésion à n'en plus finir a été très bien analysée par Julia de Funès et Nicolas Bouzou dans *La Comédie (in)humaine*[6], dans lequel ils montrent comment toute cette mascarade participe de l'absurde de l'époque et de la festivisation généralisée de la société, sorte de nouvelle « fête du travail » permanente (RIP le 1er Mai) dans une logique déguisée de performance, évidemment. En somme, faire du travail une fête, donner le sentiment que c'est une fête, devrait permettre aux salariés d'être plus productifs, d'y passer plus de temps. Tout cela ne fait que répondre à une logique marchande propre à la société de la performance dans laquelle nous sommes entrés. La fête permanente est utilisée comme un produit dopant pour la société capitaliste. Alors qu'elle n'avait originellement pas d'autre but que la célébration gratuite et momentanée de la vie, la fête perpétuelle a désormais vocation à vous empêcher de faire la fête hors des sentiers battus. Faites la fête, très bien, mais au bureau.

Ainsi, pour que le travail soit vraiment une fête (et une fête productive), de nouveaux métiers ont été inventés, comme celui de « directeur général du bonheur » (*chief happiness officer*) dont nous parlons plus haut. Cette ânerie est apparue tout d'abord dans les start-up nord-américaines, avant de se développer au sein des entreprises européennes ces cinq dernières années, multipliant ainsi les apéros, barbecues, *afterwork* et autres « pots » d'équipe. C'est ce qu'Eva Illouz et Edgar Cabanas nomment l'« happycratie[7] », cette nouvelle tyrannie du bonheur qui nous demande et nous oblige à être heureux tout le temps, quelles que soient les circonstances.

Conséquence ? Les frontières ont littéralement explosé en l'espace de quelques années, à une époque où tout le monde veut faire de sa vie une fête permanente, où la fête est devenue une morale, un prêche de curé, et où l'« épanouissement personnel » est le mantra ultime. Tout le monde veut être artiste et monter un chouette « projet », tout le monde veut se reconvertir en coach personnel de bien-être, tout le monde veut être tout le monde. Les acteurs se prennent pour des responsables politiques, les chanteurs pour des membres de la Commission nationale des droits de l'homme, les responsables politiques se retrouvent sur TikTok, sur Twitch, chez Hanouna ou dans « Top Chef », voire démissionnent en cours de mandat car être député ne les excite plus assez, tandis qu'on demande à Francis Lalanne son avis sur la Covid ou sur les Gilets jaunes.

À force de vouloir être tout le monde, plus personne n'est rien. Plus rien ne tient, car on ne sait plus où donner de la fête. La fête généralisée et permanente a tout déglingué sur son passage, à commencer par les adultes, une espèce en voie de disparition.

La société des enfants (ou la fin des adultes)

Tout doit être festif, joyeux, ne permettant plus à la fête telle qu'on en parlait dans le premier chapitre de se distinguer de la vie quotidienne. L'absence de séparation, cette « crise des limites » dont parlent Monique Atlan et Roger-Pol Droit dans *Le Sens des limites*[8], se retrouve par exemple dans l'absence de séparation entre ce moment de « retour à l'enfance » et le monde adulte.

La fête avait cette capacité à nous faire replonger dans l'enfance, le temps d'une soirée. Mais plus besoin de cela dans une société hyperfestive, car l'enfance est partout et les adultes nulle part. Plus besoin de parcs d'attractions ou de skateparks séparés du reste. Ils sont déjà dans l'espace public. L'arrivée en masse des trottinettes électriques a transformé les villes en patinoires géantes sur lesquelles glissent chaque jour des adolescents de 50 ans, abolissant la frontière entre jeux d'adultes et jeux d'enfants.

Plus besoin de carnaval. Bien avant la société masquée que nous avons expérimentée au cours de la dernière année (qui ne se terminera sans doute pas totalement lors du retour à la normale), séparer le carnaval du reste de la société était devenu difficile. Quand les peintures sur corps étaient l'exception carnavalesque du Mardi gras, les tatouages sont devenus la norme pour la société des enfants. Dans son livre, *L'Archipel français. Naissance d'une nation multiple et divisée*[9], Jérôme Fourquet a très bien montré comment la pratique du tatouage s'est banalisée depuis les années 2000, notamment chez les jeunes générations, avec un quart des 18-34 ans qui est aujourd'hui tatoué en France.

Par ailleurs, cette société des enfants, donc hyperfestive, se voit aussi sur les vêtements. N'avez-vous pas remarqué que le costume doit désormais se porter avec des baskets (souvent le même modèle, d'ailleurs, des Adidas Stan Smith, que portait le personnage de Vincent Cassel dans le film *La Haine,* modèle qui a fait un retour fracassant sur le marché des baskets en 2014) afin d'épouser la société joyeuse qui est la nôtre ?

Si la fête n'est plus, c'est qu'elle n'est plus un élément nécessaire pour nous offrir une petite parenthèse au retour à l'enfance. C'est frappant lorsque l'on observe l'industrie du jeu vidéo. Début 2021, le Syndicat des éditeurs de logiciels de loisirs (SELL) a présenté son bilan annuel, « L'Essentiel du jeu vidéo[10] », dans lequel on apprend que jamais le marché du jeu vidéo en France n'avait affiché une telle santé. 2020 a en effet été une année record avec un chiffre d'affaires en hausse de 11,3 %, porté notamment par l'effet confinement, les ventes de consoles et le succès de titres stars comme *Fifa 21* et *Animal Crossing*. Les ventes totales de matériel (PC et consoles), de jeux (y compris sur le mobile) et d'accessoires ont atteint en 2020 un chiffre d'affaires de 5,3 milliards d'euros (contre 4 milliards d'euros en 2020 pour le secteur du livre[11]). Et, chose intéressante, quand on regarde le profil des joueurs (sachant que 52 % des Français disent jouer régulièrement, 53 % sont des hommes et 47 % des femmes), l'âge moyen des joueurs réguliers est de 39 ans. Un enfant sur 2 joue tous les jours (52 % des enfants) et 1 adulte sur 3 (35 %).

Un autre exemple de la société des enfants peut être trouvé du côté des Lego. La marque danoise fait incontestablement partie de notre enfance. Elle a accompagné nos premières années sur terre et nous plonge toujours dans une certaine nostalgie. Or, pour qu'il y ait nostalgie, il faut qu'il y ait séparation. Ce qui n'est plus vraiment le cas. Grâce à la pandémie, Lego a annoncé des bénéfices records en 2020, 1,3 milliard d'euros, enregistrant une hausse de 19 % par rapport à 2019. La marque explique cette hausse notamment par la généralisation du commerce en ligne. Mais une autre explication peut être trouvée du côté des nouveaux « fans », qui sont venus élargir l'assiette de joueurs. En effet, aujourd'hui, 20 % des adeptes de Lego sont des adultes. « La communauté des fans adultes est en pleine expansion, et nous travaillons avec eux de nombreuses façons », indiquait la marque au *Parisien*[12]. Trottinettes, jeux vidéo, Lego : les adultes se sont (ré)approprié les jouets de leurs enfants.

Dans son livre, *La Société malade*[13], le sociologue Jean-Pierre Le Goff parle d'un « peuple adolescent », qui s'amuse comme le feraient des ados. Pas étonnant que ça grince à la première blessure, à la première critique, à la première caricature. Pas étonnant surtout que le gouvernement n'ait eu aucun mal à « infantiliser » les citoyens durant la pandémie. Il n'avait finalement pas besoin de beaucoup forcer. Le terreau était favorable. La hausse impressionnante des rendez-vous pris sur Doctolib pour se faire vacciner contre le coronavirus juste après l'intervention télévisée du président de la République le lundi 12 juillet (entre 600 000 et 700 000 rendez-vous pris le soir-même, qui ont entraîné l'indisponibilité temporaire de la plateforme en raison d'un trop grand nombre de connexions simultanées) est une nouvelle illustration de cette société des enfants : il aura fallu que le président menace le peuple adolescent de ne plus pouvoir aller s'amuser au restaurant ou dans les parcs d'attractions pour que les uns et les autres daignent se faire vacciner.

La fête des choses mortes

Ce qu'il y a de très intéressant avec la société hyperfestive, c'est l'utilisation même du terme de « fête ». La fête n'est plus, mais jamais le terme n'a été autant employé dans tout ce que nous faisons au quotidien, comme pour se convaincre que celle-ci est toujours bien présente et n'a pas disparu. Cela devrait d'ailleurs nous alerter : quand un terme est accolé à celui de « fête », c'est souvent mauvais signe pour l'objet en question : celui de quelque chose en voie de délitement que l'on essaie tant bien que mal de « réenchanter » dans une totale illusion.

L'invention de la (fameuse) fête de la Musique était sans doute le signe avant-coureur que la musique allait être bien en peine, au même titre que la fête du Sport, la fête du Livre ou la fête de l'Europe. Il en est de même pour les fêtes organisées par différents partis politiques depuis les années 1960-1970, comme les « fêtes de la Rose » (organisées, il fut un temps, par le parti socialiste dans la plupart des villes de province), qui signèrent le début du déclin d'une famille politique mal en point à l'heure où l'on parle, ou encore de la « fête de l'Humanité », organisée chaque année par le parti communiste et le journal *l'Humanité*, dont la survie tient chaque année à un fil[14]. L'historien Régis Debray résume ce nouveau phénomène d'une formule bien sentie : « Jadis, un gouvernement confronté à une crise nommait une commission ; le même, aujourd'hui, programme une fête – Lire en fête, fête du Patrimoine, Printemps des poètes[15]. » Il en est de même pour le cinéma. Quand Marina Foïs et Roschdy Zem, juste avant les fameux Césars de la déglingue le 12 mars 2021[16], affirmaient dans le *Journal du Dimanche* : « Les Césars doivent rester une fête[17] », cela aurait dû nous mettre la puce à l'oreille sur ce qui allait se passer.

L'exemple le plus parlant dans l'utilisation du terme de « fête » accolé à quelque chose de mort est sans aucun doute l'invention de la « fête des Voisins ». En 2021, 62 % des Français indiquent qu'on n'est « jamais assez prudent quand on a affaire aux autres » (contre 53 % des Britanniques et 56 % des Allemands), et 32 % sont d'accord avec le fait que « la plupart des gens cherchent à tirer profit d'eux[18] ». Pour le dire autrement, il y a une défiance bien connue et amplement documentée chez les Français vis-à-vis d'autrui, et la pandémie n'a, semble-t-il, pas arrangé les choses.

Alors on aimerait croire que la crise a « réenchanté les rapports de voisinage », comme le souhaite Atanase Périfan, l'inventeur en 2000 de cette fameuse « fête des Voisins » et créateur de l'association Voisins solidaires dans une interview à *GQ*[19] (l'utilisation du mot « réenchanté » est d'ailleurs savoureuse, car cela suppose que les relations de voisinage furent enchantées par le passé !). On aimerait croire au « tsunami de solidarités entre voisins » pendant la pandémie, on aimerait croire que tout le monde s'est mis à se prêter des livres et à s'offrir des cookies. C'est en tout cas la soupe que l'on nous sert régulièrement pour se convaincre que la crise aurait révélé de belles choses, qu'elle aurait peut-être été une chance pour nous et nos voisins.

Force est pourtant de constater que la fête des Voisins a perdu. Durant le premier confinement, la délation entre voisins représentait jusqu'à 70 % des appels reçus par la police dans certaines grandes agglomérations, selon les chiffres du syndicat Alternative Police publiés en avril 2020[20]. Dans le détail, entre 50 % et 70 % des appels reçus par la police dans la région Grand Est étaient des appels de délation (sur 500 appels par jour à Strasbourg, plus de la moitié dénonçait des personnes, et sur 27 appels en une heure à Nancy, 22 d'entre eux dénonçaient des personnes), 50 % des appels dans la région Nouvelle-Aquitaine, 20 % des appels dans le Pas-de-Calais…

Pour le dire autrement, dénoncer son voisin parce qu'il ne respectait pas les règles du confinement était devenu un acte relativement banal dans certaines régions de France. Dans une interview donnée pour le site de France Info, le référent adjoint d'Alternative Police dans le Grand Est, Sylvain André, estimait que cela était dû à un « système de jalousie qui s'était mis en place entre des personnes qui n'ont pas les mêmes conditions de confinement ». En somme, il était devenu normal en 2020 d'appeler la police pour dire que son voisin sortait quatre ou cinq fois son chien par jour, que sa femme s'était rendue à plusieurs reprises dans un magasin pour faire ses courses et que son fils jouait au foot sur le bord de la route. Frédérique Calandra, maire du 20e arrondissement de Paris, avait expressément demandé aux habitants de cesser les appels de délation qui encombraient le 17 : « Des habitants prennent des photos, depuis leur fenêtre, de parents avec enfants en bas âge sortis pour se dégourdir les jambes. Et ils les envoient à la police[21]. »

On rappellera en outre que certains membres du personnel médical ont aimablement été sommés par leurs gentils voisins de quitter l'immeuble le temps de la crise, par sécurité pour les autres, et ce en raison de leur profession. France 3 Occitanie relayait par exemple ce petit mot rédigé au stylo à bille accroché sur la porte de Marie, aide-soignante de vingt-quatre ans à Toulouse : *Bonjour, madame Rainoldi. En sachant votre profession, est-il possible pour notre sécurité de ne pas toucher les portes des parties communes ou peut-être dans les prochains jours de loger ailleurs ? Et peut-être aussi de sortir votre chien plus loin*[22] *?*

Mais si vous voulez vous rassurer qu'il existe encore une fête des Voisins, car les vôtres se sont mis à applaudir de concert chaque soir à 20 heures des gens qu'ils considéraient ensuite comme des pestiférés, vous en avez parfaitement le droit. Sachez juste que la traque des coupables et la recherche des responsables resteront leurs activités favorites.

Par ailleurs, alors que la fête était normalement un hymne à la vie, les célébrations permanentes auxquelles nous devons désormais assister chaque mois sont bien le signe que nous ne fêtons plus que les morts, et que nous sommes, nous-mêmes, déjà presque morts. Tel mois, nous rendrons hommage à tel personnage historique. Le suivant, ça sera à un autre. C'est la « grande boîte à célébrations » dont parle Muray, qui prend la forme d'une espèce de pathétique championnat de la fête. Nous ne savons faire que ça. Les responsables politiques ne savent plus faire que ça : rendre hommage, faire en sorte qu'un nom de rue soit enfin donné à Untel ou à Unetelle.

On passe notre vie à fêter les morts, sans doute pour combler la misère du réel dans lequel nous sommes : « Le réel, dont notre temps manque surabondamment, il espère que le passé lui en prêtera un peu[23]. » Par ailleurs, à l'heure où la grande mode est de décréter « grande cause nationale » à peu près tout (les choux-fleurs, les petits pieds, les chauves, les moches), je donne mon billet que la mort sera un jour sur la liste. On va bien finir par nous inventer une semaine nationale sans la mort, ou une journée nationale de lutte contre la mort. La façon dont nous célébrons celle-ci est d'ailleurs intéressante. Sans rentrer dans l'analyse du déclin du catholicisme français ainsi que l'a brillamment fait Jérôme Fourquet dans *L'Archipel français*[24], la propension importante des individus se tournant désormais vers la crémation (et non plus vers un enterrement) tend désormais à faire de l'événement mortuaire une « fête ». La musique, les photos et les souvenirs contribuent à rendre les cérémonies de crémation plus festives que l'enterrement de jadis.

À l'occasion de la Toussaint, le 1er novembre 2020, le journal normand *Liberté* a demandé au crématorium de Caen quelles étaient les musiques les plus jouées lors des cérémonies de crémation. Vous serez surpris que, derrière les classiques et attendues *Puisque tu pars* de Jean-Jacques Goldman, *Le paradis blanc* de Michel Berger, des musiques plus actuelles sont demandées depuis quelque temps, preuve du caractère de plus en plus « festif » de ce type d'événements : *Les yeux de la mama* de Kendji Girac ou *Roule* de Soprano en sont de bons exemples. « Le jour se lève/ La vie reprend/ Faut remplir la gamelle/ Mais tout en souriant »... On apprend aussi qu'une cérémonie s'est déjà tenue avec *Le petit bonhomme en mousse* de Patrick Sébastien, parce que la défunte regardait son émission tous les samedis soir, et que les maîtres de cérémonie ont déjà assisté à des hommages avec *Tata Yoyo* de Annie Cordy et *Big Bisou* de Carlos. Une cérémonie s'est par ailleurs tenue avec uniquement des musiques de la Compagnie Créole[25].

Que voulez-vous ? Dans l'univers de la fête permanente, les croque-morts portent des tee-shirts David Guetta.

La fête de soi : Narcisse vainqueur de Dionysos

> « Malgré les invitations perpétuelles à s'éclater, Narcisse est venu à bout de Dionysos. »
>
> Gilles Lipovetsky,
> *Le Bonheur paradoxal*[26].

Avec une société totalement festive (absence de séparation entre la fête et la vie réelle, cirque total, cours de récréation générale et amusement en permanence), on pourrait évidemment rétorquer que la fête est justement beaucoup plus belle aujourd'hui, beaucoup plus grande, beaucoup plus folle que par le passé, et que tout indique que nous sommes finalement dans la continuité de l'irruption, qui date de la fin des années 1960, de la figure de Dionysos, dieu de la vigne et du vin, et donc de ses excès, de la folie et de la démesure, dans ce que sont devenues la fête et la vie d'une façon générale. Gilles Lipovetsky décrit très bien cette période : dans les années 1960, une nouvelle culture est apparue, qui célébrait les plaisirs de la vie au présent, des corps et des sens, la liberté sexuelle, et de nouvelles façons de vivre ensemble, tout cela incarné par l'usage social de la marijuana, du LSD (acides hallucinogènes) et de la musique expérimentale. La fête d'alors, pleine de légèreté et de communion, était une *réaction*, une *contestation* face au puritanisme, à l'autorité et aux valeurs follement compétitives de la société.

Mais, surtout, l'objet de ce retour à la fête, porté par Mai 68, était censé faire « reculer les limites du moi » ; on faisait la fête afin d'abandonner son moi, afin de l'échanger contre quelque chose de plus grand, de plus noble, de plus généreux. Lipovetsky écrit : « Le grand désir de Dionysos, c'est de s'évader de soi, répudier l'ego [...] en s'engloutissant dans l'océan des sensations illimitées. Se libérer de la prison du MOI, se délivrer des douleurs de l'individuation [...] : tel est le sens profond de l'homme dionysiaque, qu'il soit d'hier ou d'aujourd'hui[27]. »

Cette description de l'ambiance 68 est ce qui fait dire à Muray, qui n'est pourtant pas un farouche défenseur de l'esprit, que nous sommes depuis le début des années 1990 entrés dans un autre monde, qui n'a absolument rien à voir, et qu'il est donc vain et malhonnête de prétendre à une quelconque continuité historique de tout cela :

> Ceux qui, dans cette période, étaient opposés auxdits « événements », comme ceux qui leur étaient favorables, avaient au moins un point commun, quoique se trouvant dans des camps ennemis : ils étaient vivants [...]. Mai 68, à la différence de toute actualité présente (et quel que soit le jugement que l'on puisse porter sur ce semblant d'insurrection), conserve encore

> quelque chose de l'ère historique [...]. La négativité active et créatrice s'y est étalée [...]. Ensuite, tout de suite après, commence un autre monde[28].

Depuis, en effet, il faut malheureusement admettre que la fête, comme tant d'autres domaines, a subi de gigantesques métamorphoses du fait de la révolution anthropologique à l'œuvre depuis plus de vingt ans maintenant : l'individualisation de la société et la célébration de soi. Et, quand bien même nous pourrions en avoir l'illusion, nous sommes loin, très loin, d'une société dionysiaque, tout simplement parce que celle-ci n'est pas compatible avec Narcisse et le culte de soi.

La fête d'aujourd'hui n'est plus le soi de côté : c'est le soi tout court. Ce n'est plus la célébration de je ne sais quoi, mais la célébration de soi. « Aux joies collectives de la communauté rassemblée et déchaînée ont succédé les plaisirs privés de la consommation de loisirs[29]. »

Ainsi, il n'y a plus de fêtes communes qui permettent de sortir de sa vie, de ses habitudes, seulement des événements où s'expriment les goûts et les plaisirs propres à chacun. Le sur-mesure a totalement effacé le dépassement de soi dans le cadre festif. Ce qui ne signifie pas qu'il n'y a plus d'événements en grand nombre, en groupe. Tout le monde a en tête certains anniversaires, certaines soirées récentes, ou ces gigantesques scènes de liesse lorsque l'équipe de France de football de Kylian Mbappé gagne la Coupe du monde de 2018 contre la Croatie. Mais ces événements semblent là uniquement pour nos satisfactions privées. Lipovetsky le disait : l'individu de l'ère hyperfestive n'est pas isolé, il recherche toujours les bains de foule, les grands spectacles, les grandes soirées ou les festivals, comme « un stimulant et un ingrédient des plaisirs consuméristes ».

Nous ne sommes plus dionysiaques : nous instrumentalisons le collectif en vue de nos satisfactions privées. Nous sommes ensemble et seuls à la fois – ne pensant qu'à nous. *Seuls* ensemble. (Nous sommes si seuls et aimons tellement l'être que nous prenons un immense plaisir à promener nos chiens, qui sont devenus nos frères. Le saviez-vous ? En plus d'être la patrie des droits de l'homme, la France est la patrie du chien. On en dénombre près de huit millions, ce qui fait de notre pays l'un des pays d'Europe qui en compte le plus avec la Pologne. La France est par ailleurs le premier pays d'Europe à avoir ouvert en 2017 un « bar à chiens » à Lille, nommé Le Waf[30], et 60 % des possesseurs de chien affirment partager au moins cinq des traits de caractère testés avec leur animal (il y en a même 15 % qui se reconnaissent totalement dans leur animal de compagnie – sept critères sur sept : sociable, aime passer son temps à l'extérieur, gourmand, sportif, paresseux, timide, a tendance à se disputer. Ce taux grimpe à 23 % chez les possesseurs de chien en agglomération parisienne et parmi les catégories aisées[31]. Les chiens sont donc des hommes comme les autres, rendant ainsi la présence d'autrui beaucoup moins indispensable que jadis. Mais refermons la parenthèse.)

Il est vain de se rassurer en croyant que nos scènes de liesse collective sont les traces d'une communauté nationale qui aime faire la fête *ensemble*, et qui pourrait sans aucun problème aller de nouveau dans les bals populaires danser la java. Ces événements ne sont aucunement la survivance d'une quelconque cohésion communautaire. C'est désormais moi, mon plaisir, ma maison (et mon chien). Le reste n'est plus un sujet. Or, on l'a dit, pour qu'il y ait fête, il faut qu'il y ait dépassement de soi et une grande générosité. CQFD.

Un élément ne trompe pas : quand on interroge les Français, 45 % indiquent « ne pas avoir le sentiment d'appartenir à une communauté en particulier » (y compris donc la communauté nationale), contre 39 % des Britanniques, 26 % des Allemands et 15 % des Italiens. La seule chose qui vaille, c'est donc soi, sa famille et sa maison[32].

Une partie de la population est ainsi devenue touriste de son propre pays, enfermée dans sa sphère privée, à l'échelle de son domicile : 94 % des Français disent faire confiance prioritairement à leur « famille ». À titre de comparaison, 55 % des Français seulement font confiance « aux gens d'une autre nationalité » (– 4 points par rapport à février 2020) et 41 % font confiance « aux gens qu'ils rencontrent pour la première fois » (– 2 points par rapport à février 2020). Comment voulez-vous, avec de tels chiffres, que les gens offrent des bières à des inconnus ! Ce qu'il faut ajouter, c'est que le confinement et la pandémie n'ont fait que conforter des dynamiques déjà à l'œuvre : en décembre 2009, 95 % des Français indiquaient déjà faire confiance à leur « famille » et 44 % seulement faisaient confiance aux « gens rencontrés pour la première fois ».

La période que nous vivons a continué de dégrader le rapport à l'autre perçu comme « étranger » : quand 72 % des Français disaient en 2009 faire confiance aux « gens d'une autre nationalité », ils ne sont plus que 55 % aujourd'hui.

Par ailleurs, quand on demande aux Français ce qui caractérise leur état d'esprit à propos de leur vie familiale en février 2021, il s'agit du seul domaine (avec la vie amoureuse) où les trois premiers items cités sont positifs : pour 26 % des Français, cela leur évoque de la « sérénité », pour 23 % de la « confiance », pour 20 % de la « joie ». Il en est de même s'agissant de la vie amoureuse pendant le premier confinement : pour 24 % des Français, cela évoque de la « sérénité », pour 22 % de la « joie » et pour 21 % de la « confiance »[33]. Par conséquent, Deliveroo, Netflix et Amazon ont de beaux jours devant eux avec cette France frileuse, qui prend l'habitude de rester chez elle, en famille, les gens n'ayant pas une envie farouche de se voir davantage. La fête a été privatisée.

À tant avoir cherché le sur-mesure et le chez-soi partout, l'autre est devenu encombrant. On n'a même plus honte de revendre les cadeaux de Noël offerts par autrui : 7,3 millions de Français avaient prévu en décembre 2020 de revendre certains de leurs cadeaux de Noël, soit 18 % des Français contre 17 % en 2019 et 12 % en 2018 (alors que, chez nos voisins européens, la coutume semble moins bien établie : seulement 7 % des Italiens et Espagnols la pratiquent). La région Pays de la Loire est la région où la revente des cadeaux non désirés se fait le plus assidûment (29 %), suivie de la Bourgogne-Franche-Comté (25 %), l'Île-de-France (21 %) et la Nouvelle-Aquitaine (21 %). Pour résumer, ce sont plus de 300 millions d'euros[34] qui sont dépensés chaque année pour les cadeaux « non désirés » et « non conformes » avec soi. À ce compte-là, nous n'aurons bientôt plus honte de ne pas boire cette bière que l'autre nous a offerte au bar, sous prétexte qu'elle n'est pas tout à fait à notre goût. La civilisation du moi a gagné. La générosité et l'élégance, ou la simple politesse ont disparu. La fête a perdu.

On fête la fête plus qu'on fait la fête

On l'a expliqué plus haut, la fête avait traditionnellement pour principe d'être racontée. On narrait le lendemain ce qu'il s'était déroulé la veille, on regrettait certains choix, certaines danses, certains comportements. On regardait l'étendue des dégâts, mais *après coup*. Si la fête est finie aujourd'hui, c'est qu'elle ne se raconte plus, car elle se transmet en direct. « On vous informe minute par minute de l'évolution de la situation » comme disent les journalistes sur les chaînes d'info en continu. On fête qu'on fête. On fête le fait que les autres nous voient faire la fête. Ainsi, les stories Instagram et les Snapchat envoyés en permanence lors d'une soirée ont détruit le plaisir d'une fête légère et joyeuse, ont détruit le plaisir du récit du lendemain. (Oui : il y a toujours quelques photographes qui tentent vainement de vous empêcher de prendre des photos des mariés avec votre iPhone, comme Jean-Paul Rouve dans *Le Sens de la fête*[35] : « Je ne supporte plus, quand je travaille, que les gens soient comme ça agglutinés autour de moi avec leurs portables. J'emmerde ceux qui prennent des photos avec leurs portables ! » Le cri du cœur est beau, le geste plein de panache, mais cela n'empêche malheureusement pas la défaite.)

Ce n'est évidemment pas propre à la fête ni à l'industrie événementielle. L'un des événements récents qui illustrent ce phénomène de « fêter que l'on fête » est sans aucun doute l'invasion du Capitole par des supporteurs de Donald Trump. On a craint la révolution ? le début d'une révolte bien pensée ? Ils sont beaux, les preneurs de Bastille sponsorisés par Apple, dont la seule inquiétude était d'avoir suffisamment de batterie sur leur téléphone pour se filmer… C'est ça, la révolution au XXIe siècle ? Sur Candy Crush peut-être, mais au-delà…

Ces gens sont déjà morts. Regardez bien les vidéos de l'invasion : il est frappant de constater à quel point ce qui intéressait les amis de l'« homme bison » était d'abord et avant tout de se filmer en train d'envahir le Capitole, prendre des selfies à l'intérieur de cette institution et se mettre en scène en direct installés sur les chaises des sénateurs.

Il en est de même pour la fête. Ce qui compte est de montrer que l'on est en train de fêter, pas de fêter. De montrer que l'on vit la fête, et pas de la vivre. C'est ainsi que bon nombre d'individus ont désormais le sentiment, lorsqu'ils rentrent chez eux, de n'avoir rien partagé avec les autres personnes présentes, trop occupés à définir ce qu'il faudrait montrer de soi sur les réseaux sociaux. Dans le même ordre d'idée, le premier confinement a donné à voir moult mises en scène de bonheur de chacun, sur Instagram et les réseaux sociaux, comme pour bien se rassurer soi-même d'être en train de vivre quelque chose de bien.

La nouvelle phobie de l'époque, ce n'est pas de ne plus parvenir à vivre ni à s'amuser, mais de ne plus avoir de batterie pour filmer sa vie : 34 % des Français reconnaissent que cette situation, ou même seulement la perspective qu'elle se produise, génère une angoisse chez eux. Les 18-34 ans, ceux qui ont grandi dans l'ère du téléphone portable, sont les plus dépendants et les plus stressés à l'idée de manquer de batterie. Dans le détail, 64 % des sondés âgés de 18 à 24 ans seraient concernés par ces angoisses. Les 25-34 ans sont 53 %, donc une majorité, à y voir eux aussi un motif de stress. En outre, 14 % des Français avouent même partir en retard à un rendez-vous pour finir la recharge complète de leur téléphone (42 % chez les 18-24 ans et 26 % chez les 25-34 ans[36]).

Cette génération de lofteurs, prête à tout pour être connue et avoir du like, se met désormais à se filmer « en famille ». C'est ce qu'on appelle les « vlogs famille », contraction de « blog » et « vidéo ». Phénomène de plus en plus répandu en France, le principe consiste à ce que des familles dont tout le monde se fout diffusent l'intégralité de leur vie quotidienne sur YouTube et monétisent leur audience par la publicité et le placement de produits. Vous vivez donc en direct (comme vous viviez le coït de Loana et

Jean-Édouard dans la piscine en direct) les moments des courses au supermarché, des lessives, des repas et des engueulades de la famille. La chaîne française la plus emblématique du genre, Neo & Swan, recense plus de cinq millions de spectateurs[37]. Vertigineux. Au point que la romancière Delphine de Vigan en a fait le thème de son dernier roman[38]. Et je ne parle même pas des parents qui se servent de leurs enfants comme des symboles d'une cause à défendre, qu'il s'agisse de l'autisme, de la surdité ou des transgenres. À quel moment l'enfant est-il devenu une source de revenus ? Nous sommes bel et bien les héritiers de Loana, de Jean-Édouard et de Steevy. Nous sommes les enfants d'Alexia Laroche Joubert. Et l'expérience d'enfermement collectif que nous avons vécue durant les confinements nous a permis de nous mettre enfin dans la peau de nos idoles pour plusieurs mois.

> « Le monde est un PMU, où n'importe qui donne son mauvais point d'vue. »
>
> Orelsan, « La fête est finie ».

Ainsi, on passe sa vie non plus à raconter *a posteriori*, mais « à se la raconter ». Il est frappant de voir à quel point ce qui relève pourtant de l'intimité la plus grande, à savoir l'arrivée d'un nouveau-né, est également devenu une fête montrée « en direct ». Les photos du bébé à peine sorti du ventre de sa mère sont mises sur Instagram dès que le cordon a été coupé, ce qui signifie que le premier réflexe dans la tête des parents en question est de faire savoir qu'ils sont heureux. Faire savoir que l'on vit plutôt que vivre le moment, faire savoir que l'on est heureux plutôt que l'être. C'est le nouveau-né en photo sur la Toile dès ses premières minutes de vie qui sera content. Mais, enfin, peut-être ses parents ont-ils obtenu son plein consentement… (L'annonce du sexe de l'enfant est aussi devenue une véritable mise en scène festive. Ce sont les fameuses *gender reveal party*, une fête venue tout droit des États-Unis pour révéler le sexe du bébé à venir à vos proches.)

Se filmer pour se sentir vivant. C'est aussi ce que font les nouveaux petits Playmobil à vélo qui ont envahi Paris et les grandes métropoles en voulant absolument montrer qu'ils se font martyriser par les automobilistes ou livreurs en camionnette (livreurs qui font pourtant en sorte que tous les Biocoop de la capitale soient livrés dès l'aube). Il n'est pas rare ainsi de voir ces Jean Moulin en cuissard filmer et diffuser en direct sur les réseaux sociaux les images d'un livreur mordant sur la piste cyclable pendant sa livraison de 8 heures du matin, en lui expliquant qu'il n'a pas le droit et qu'il va faire remonter l'information.

Il en est de même pour ces pseudo-journalistes, mi-militants, mi-rien, qui passent leur vie à filmer des événements en disant bien à leur interlocuteur : attention, c'est filmé. L'important n'est même plus ce qu'ils filment, mais de se montrer soi-même en train de dire : « Je suis en train de vous filmer. » Beau portrait du justicier à revers, *de l'autre côté de la caméra*.

S'agissant de la fête, un exemple récent mérite d'attirer notre attention. Lors du premier confinement, des millions d'individus se sont rués pour programmer des « apéros-Zoom » avec famille et amis. Et il n'y a pas de honte à chercher un peu de chaleur, même numérique. Mais voilà : visiblement, ce qui les intéressait était de poster sur les réseaux sociaux des captures d'écran de leur « mosaïque » de Zoom entre amis. Car l'important, aujourd'hui, on le redit, est de fêter que l'on fête, non pas de fêter. C'est de montrer que l'on est entouré, et non d'en profiter. Mais on ne peut rien espérer de léger et de festif dans une société où les gens n'ont pas honte de montrer leur vie sur les réseaux, ni de se représenter à des élections alors que plus personne ne veut d'eux, ni de se faire livrer un hamburger à 22 heures par un petit esclave à vélo ou de mal parler à un chauffeur Uber parce qu'il a deux minutes de retard. La fin de la fête est aussi la fin de la honte, cette honte qui protégeait jadis et qui nous évitait collectivement de faire des bêtises. Qui était une sorte de dignité, en somme.

Comment expliquer l'attrait pour ce type d'« événements », les « apéros-Zoom », dont le sentiment de honte aurait dû nous protéger ? D'abord, parce que ce qui intéressait les uns et les autres n'était pas forcément de prendre un apéro avec les gens derrière l'écran, mais de se voir soi-même en train de boire sur son propre écran. En effet, l'avantage des apéros-Zoom est de vous offrir un miroir et de vous voir vous. Ainsi, il nous était enfin offert, pour une fois, la possibilité de boire en se regardant boire, ce que ne permet pas un appel téléphonique un verre de vin à la main. L'apéro-Zoom, ce n'est pas prendre un apéro avec autrui, mais prendre un apéro avec soi-même. Ce n'est pas faire la fête avec les autres, mais se fêter soi-même en tant qu'individu.

« Et qué s'appelerio Prozac » : en thérapie permanente

La fête de soi a donc annihilé la fête telle qu'on la connaissait jadis. La recherche de la satisfaction personnelle a rendu quasiment impossible l'intérêt pour la fête et le dépassement de soi, et le collectif, lorsqu'il existe encore, par exemple lors de rassemblements (dont nous parlerons plus loin), est utilisé uniquement comme un prétexte pour ses satisfactions personnelles. Si nous ne sommes plus en fête, et si la « légèreté » de l'époque a disparu, c'est aussi parce que l'espace public est devenu une gigantesque séance de thérapie, une société du bavardage, où les uns et les autres mettent en avant traumatismes, angoisses, névroses. On ne sait littéralement plus où donner de la peine. Ainsi, plus un seul dîner ne passe sans que quelqu'un vous dise que son enfant a des troubles du comportement, plus aucun jour ne passe sans qu'un individu vous explique que votre comportement ou ce que vous avez fait est le résultat d'un traumatisme passé. « Je ne vais pas bien » semble la nouvelle phrase magique de l'époque. Le souci pour soi, l'écoute de ses névroses, est le nouvel impératif. Il n'est donc pas surprenant que vous ayez le sentiment que l'exception désormais est de ne pas avoir de psy, quand l'exception hier était d'en voir un. Il n'est pas impossible que la maladie du futur, le « burn-out » de demain, soit de l'ordre de l'agoraphobie, et que les enfants de demain soient une génération d'angoissés incapables d'affronter le regard de leurs professeurs et préférant faire l'école à la maison.

Dans son très bon livre *La Civilisation du cocon*[39], Vincent Cocquebert explique bien comment ces attitudes et ces comportements traduisent un phénomène général qui touche principalement la jeune génération, celui des *safe spaces*, qu'il faut entendre comme la recherche de bulles protectrices, réconfortantes et sécurisantes. L'important désormais, c'est soi, l'entre-soi même, et la recherche de son bien-être pour vaincre ses angoisses et ses multiples traumas (#GénérationTrauma). D'où, selon Cocquebert, la vaste démocratisation du yoga, pour évacuer le stress et se détendre. Véritable phénomène de mode, le yoga compterait aujourd'hui plus de 2,6 millions d'adeptes[40], et a connu un franc succès durant la pandémie : à la date du 12 septembre 2018, Google recensait environ 23 600 000 vidéos mettant en scène une pratique où un professeur explique une posture ou donne un cours ; le 20 mars 2020, on pouvait en trouver 36 800 000, et 27 000 associant yoga et confinement ; le 12 mai, environ 39 700 000 et 190 700 dédiés à la pratique du yoga[41].

Ces chiffres sont le signe d'un peuple de plus en plus vulnérable, en tout cas qui se perçoit comme tel, qui ressent en permanence le besoin de s'écouter, d'écouter son corps, son cœur, ses angoisses, ses émotions, bref : de faire le point sur lui en permanence, pour au final toujours revenir au point de départ. Au point qu'une élue du parti Europe Écologie les Verts de la ville de Castanet-Tolosan (Haute-Garonne, près de Toulouse) a organisé lors du conseil municipal du 13 avril 2021 une séance de méditation pour l'ensemble des élus présents afin que les débats se passent dans un climat apaisé et serein. L'élue en question a donc demandé à l'ensemble des personnes présentes d'inspirer et d'expirer profondément en fermant les yeux, avant d'attaquer l'ordre du jour « classique » du conseil municipal[42]. *O tempora, o mores !*

Une fois que l'on dit ça, il est encore moins surprenant de voir qu'une série comme *En thérapie* sur Arte suscite l'engouement de tout un pays. Vous n'avez pas pu y échapper : il s'agit de la série la plus vue de l'histoire d'Arte, dans laquelle un psychanalyste reçoit cinq patients en état de choc au lendemain des attentats du Bataclan en 2015. Chacun des épisodes (d'une durée de 45 minutes) nous rend témoins du dialogue entre le psychanalyste en question et un de ses patients. Chaque épisode correspond à une séance de thérapie avec un des personnages. Succès assuré pour un pays de névrosés et de coachs de vie. Résultat : en mars 2021, seulement six semaines après sa sortie, la chaîne franco-allemande a cumulé 36,5 millions de vues uniquement sur sa plateforme numérique arte.tv[43].

Un record qui n'a rien de surprenant, dans un pays où tout le monde est devenu soit psy, soit patient. D'ailleurs, il serait plus honnête de parler de

« clients » que de « patients » dans la société hyper-festive et individualiste. On va chez le psy comme on part à Deauville. C'est notre dû. Je fiche mon billet qu'*En thérapie* va entraîner une hausse des consultations. On a en effet compris depuis la série *Le Jeu de la dame* que l'objet série est désormais l'élément qui définit les standards des attitudes des consommateurs pour les mois à venir (avec *Le Jeu de la dame*, il n'y a jamais eu autant de jeux d'échecs vendus pour Noël et en vente sur Le Bon Coin[44]).

Étant donné que la société de l'aveu est devenue une séance de psy grand public, il n'est guère surprenant de voir la réussite d'une série qui nous permet de parler de nous et de nos malheurs. « Il n'y a pas de plus grande tyrannie que celle qui s'exerce par le peuple dès lors qu'on le persuade qu'il est malheureux » (Voltaire). Ce qui compte, dans l'époque, c'est d'avoir souffert, morflé ; c'est de montrer que vous avez eu une jeunesse difficile, ou que vous avez surmonté des obstacles. Et, surtout, l'important est de le faire savoir – ou de le faire croire. Il n'y a jamais eu aussi peu d'ouvriers et jamais eu autant d'entre-soi, mais jamais autant de responsables politiques qui s'inventent des origines ouvrières ou populaires pour bien montrer qu'ils ne sont pas « déconnectés » et qu'ils connaissent la vie.

En réalité, ce que les gens demandent, c'est que l'on reconnaisse leur malheur. Ce qu'ils demandent, c'est la mise en place d'une gigantesque « cellule de crise » (les cellules de crise pullulent désormais à chaque fait divers). Le succès d'*En thérapie* n'est pas le succès d'une société qui écoute, mais celui d'une société qui s'écoute parler. En permanence, notamment car elle devient totalement dépendante à la reconnaissance, à l'évaluation, aux commentaires.

Un autre exemple récent devrait attirer notre attention. Au début de l'année 2021, une nouvelle application censée « révolutionner » la vie politique (encore une, alors que la vie politique n'a eu de cesse de se déliter et de s'abîmer à chaque nouvelle apparition d'un nouveau gadget : Facebook, Twitter, la démocratie participative, les conventions citoyennes, j'en passe et des meilleurs). Il s'agissait à ce moment-là de Clubhouse. Porte-drapeau de ce que l'on peut nommer l'« audio numérique », l'application est parfaitement représentative de cette société du bavardage et de l'entre-soi[45]. Créée en mars 2020, l'application vous permet, après avoir été « coopté », de créer ou d'écouter des conversations dans des « salles » (*rooms*, selon le langage de la plateforme) numériques, allant d'une grande conversation avec une personne célèbre à une discussion au sein d'un petit groupe sur n'importe quel sujet. Pas de messages, pas de photos, pas de vidéos, seulement de l'audio brut. Et vous avez surtout la possibilité d'intervenir en tant qu'auditeurs. Uniquement du son, pas d'image. Les gens s'ennuient, mais s'aiment tellement qu'ils s'écoutent parler encore et encore. Je parle, donc je suis. « Tu causes, tu causes, c'est tout ce que tu sais faire », pour reprendre les mots du perroquet Laverdure dans le roman de Raymond Queneau, *Zazie dans le métro*[46]. Cette « inflation de paroles », pour reprendre Jean-Pierre Le Goff[47], on la retrouve dans les centaines de groupes WhatsApp et Telegram où tout un tas de gens, à commencer par les responsables politiques, passent désormais leur vie à jacter. À quoi tout cela sert-il ? Sans doute absolument à rien. Rien d'important n'est jamais sorti de ce genre de groupe. Rien de fondamental n'y a été créé. Car, en jactant encore et encore, en créant des groupes, des groupes et encore des groupes, que fait-on, à part se regrouper ? On se crée ainsi une bulle où chacun donne son avis, mais où finalement rien ne se passe. Ah, si : on est lu, entendu, écouté. Et c'est cela, visiblement, le plus important.

D'ailleurs, l'une des questions les plus posées lors des réunions Zoom que vous avez peut-être eu l'honneur et le plaisir d'organiser durant la crise sanitaire dans le cadre de votre activité professionnelle était : « Est-ce que vous m'entendez ? » Question symbole d'une époque qui ne s'intéresse qu'à cela : être entendu.

Les nouvelles formes de « fêtes » se sont parfaitement adaptées à cela. Je l'ai dit, la fête était dépassement de soi, oubli de sa condition et sortie de l'assignation. On peut ainsi analyser l'essor des « fêtes de reconnaissance » ou fête des « causes » (Gaypride ou autre) comme autant de signes que la fête n'est plus. Car la fête n'a pas besoin de revendiquer. Elle était normalement juste une ode à la vie. Elle n'avait besoin de rien d'autre pour exister, avant d'être instrumentalisée par des causes qui la dépassent et qui la noient. Les récentes controverses autour de la proposition de panthéonisation de Rimbaud et Verlaine afin d'en faire des icônes gays (les pauvres n'avaient rien demandé et étaient bien tranquilles, loin de cette époque) n'est qu'une illustration supplémentaire que la fête des morts se marie parfaitement avec la fête des causes, et que la fête des causes est bien une fête morte[48]. « L'appel aux écrivains d'autrefois est devenu une escroquerie qu'il vaut mieux laisser à tous les charlatans qui travaillent dans le domaine de la culture, et qui ont intérêt à faire croire que les indicibles événements d'aujourd'hui pourraient y trouver un éclairage[49]. »

La danse et la séduction n'ont plus besoin de fête

Danse

Dans notre société adolescente, plus besoin de la fête pour danser ou pour montrer vos talents, car tout le monde se croit déjà artiste. Tout le monde a des projets artistiques, se découvre des nouveaux talents, et vous oblige à en être témoin (les confinements ont été, de ce point de vue, des accélérateurs redoutables, multipliant le nombre de vidéos de nouveaux chanteurs d'appartement ou de nouveaux joueurs de piano).

C'est ainsi que vous voyez partout sur la Toile des gens en train de se trémousser. Le réseau social TikTok est d'ailleurs parfaitement adapté à ce type de « prestations ». Depuis fin 2019, donc avant la crise sanitaire, le nombre de requêtes sur les termes « danse TikTok » a été multiplié par cinq sur Google[50].

Pas certain que tous ces baby-danseurs se retrouvent sur les pistes demain. Ils s'apercevront vite qu'il est plus confortable de publier une vidéo en s'y reprenant à dix fois sur les réseaux, bien au chaud dans sa chambre, plutôt que de se risquer au milieu d'une foule d'inconnus.

D'ailleurs, comment interpréter le succès des cours de danse de salon comme le tango où se rendent les cadres le soir après leur journée de boulot[51], ou l'attrait pour les cours de country dans les zones rurales[52] ? À mon sens, d'abord et avant tout comme un souhait de « maîtrise » et d'entre-soi plutôt que de fête avec autrui. Ce n'est pas une fête, mais une maîtrise de soi. Quand on y va, c'est pour se perfectionner comme si nous étions candidat de « Danse avec les stars », aucunement pour une recherche de bonheur et de spontanéité.

La danse a été privatisée. La guinguette est terminée, car elle n'est plus indispensable.

Séduction et sexualité

Au début du confinement en mars 2020, certains chiffres ont donné le tournis. On apprenait que le coronavirus avait boosté la vente en ligne de sex-toys, que ce marché avait prospéré et que des « packs confinement » avaient été lancés pour résister au mieux à la guerre qui sévissait. La marque Womanizer – qui commercialise un vibromasseur clitoridien – avait même annoncé des résultats exceptionnels, à savoir une augmentation des ventes de plus de 50 % par rapport à ses prévisions 2020[53].

On a également constaté que les plateformes de vidéos pornographiques avaient pris des mesures exceptionnelles pour nous aider dans cette guerre : le très célèbre Pornhub a offert un accès premium gratuit aux Françaises et aux Français pendant un mois, Marc Dorcel a offert l'accès gratuit à plusieurs de ses grands films d'auteur, tout comme le site Jacquie et Michel qui nous offrait l'accès à *La Casa de Michel*, parodie de *La Casa de Papel*[54].

Et si tout cela, finalement, suffisait désormais au bonheur des individus confinés ? Si cela finissait par fonctionner et satisfaire les gens, bien après le confinement ? On a noté en tout cas une baisse des rapports sexuels durant le confinement, lié au ramollissement général des individus[55] : en quatre semaines de confinement, près d'un couple sur deux (49 %) a eu au mieux un seul rapport sexuel, et 21 % aucun[56].

Si l'on élargit la réflexion à la question de la séduction et de la rencontre, cela illustrerait définitivement ce qu'Eva Illouz décrivait dans *La Fin de l'amour. Enquête sur un désarroi contemporain.* Dans ce livre, elle montre notamment à quel point nous sommes à la fin de la « cour amoureuse » (où la relation sexuelle était l'aboutissement d'un « parcours » fait d'étapes préalables) et nous souhaitons désormais vivre éloignés de l'autre, des autres, par peur de s'abîmer et de s'engager. Pour elle, le capitalisme, l'individualisme et la société de consommation (la culture consumériste) ont entraîné l'instabilité des liens sexuels et émotionnels, l'instabilité généralisée des relations, l'incertitude permanente sur notre vie affective (incertitude massivement alimentée par l'apport des psychologues et par les ouvrages de développement personnel, qui nous font en permanence nous demander si on a fait le bon choix, ouvrages dont nous nous sommes d'ailleurs gavés durant notre guerre du confinement).

L'incertitude affective se caractérise par la difficulté à savoir ce que nous voulons, ce que nous aimons, ce que nous devons faire avec l'autre. Cette montée de l'incertitude a une conséquence importante : l'émergence du « choix négatif » (le non-choix), à savoir : refuser ou éviter tout engagement, tout début de relation, toute attache ou toute relation sexuelle ou émotionnelle, ou à s'en retirer. Pour elle, nous sommes arrivés dans une époque du « non-amour », de la non-relation, de la fin de la relation, une époque de l'anomie, à savoir la rupture des liens sociaux, une époque de la non-formation de liens. Car la séduction demande du « temps », qu'on ne veut plus accorder à autrui. On a peur de perdre du temps au contact de l'autre[57]. Et un vibromasseur est moins pénible qu'un jeune dragueur instable et insécurisant.

Les applications de rencontres répondent à cette flemme de la cour amoureuse, et à cette angoisse face à la rencontre et au choix amoureux : pourquoi se rendre à une fête au risque de ne rien trouver, de me faire recaler et de perdre mon temps à discuter sans savoir comment cela va se terminer, alors que je peux choisir mon mec ou ma meuf sur un catalogue, sans que personne voie si cela se passe bien ou mal (alors que, dans une fête ou sur la piste de danse, la réussite ou l'échec de ma stratégie amoureuse est visible par tous) ?

Les applications vous permettent maintenant de « réserver », de tout contrôler, au lieu de passer quatre heures dans un bar, sans savoir ni où, ni comment, ni avec qui votre soirée va se terminer (le sel de la vie, pour dire les choses autrement). Pour reprendre les mots très clairs de François Kraus, spécialiste de ces questions à l'Ifop, « tu peux désormais te faire livrer une b*** à 11 heures ou à minuit[58] », comme on peut se faire livrer un hamburger ou des sushis, au gré des envies.

Nous sommes malades de la séduction par manque de générosité, par égoïsme, par repli sur soi. La séduction, comme la fête, va mal, car on ne veut plus prendre le temps de séduire, plus prendre le temps de laisser monter gentiment l'ivresse, de se laisser glisser dans les draps d'une conversation « gratuite ». Dans la société du bavardage, où la conversation n'est plus, on se séduit soi-même, on fait la fête soi-même, fin de l'histoire. Et les bals populaires dans lesquels on rencontrait l'amour ne servent plus à rien. C'était bien, mais ils sont bel et bien perdus, comme le chantait Bourvil :

> Non, je ne me souviens plus du nom du bal perdu
> Ce dont je me souviens c'est qu'on était heureux
> Les yeux au fond des yeux
> Et c'était bien
> Et c'était bien[59]

Quand le rire est devenu rare

« L'artère principale est touchée
Je n'ai pas su garder le cap
La lune ne s'est plus jamais couchée
Le soleil n'est plus sur la carte. »

Booba,
Grain de sable
(*feat.* Elia).

Si la fête et son esprit ont bel et bien disparu de l'époque, c'est notamment à cause de la disparition du rire spontané. Nous passons en moyenne seulement 6 minutes par jour à rire, soit 115 jours sur l'ensemble d'une vie. C'est trois fois moins que dans les années 1950[60].

Pour le dire autrement, il est aisé de constater à quel point le rire a pris du plomb dans l'aile, notamment en raison de l'apparition de nouveaux censeurs et d'une horde de nouveaux résistants venant nous faire la leçon en permanence, tout cela couplé à un esprit de sérieux et une perte d'insouciance.

Un problème avec la légèreté ?

Alors que, à la fin des années 1960 (période dionysiaque par excellence), tout l'enjeu était de dépasser le moi, de libérer son corps des contraintes, les choses ont, semble-t-il, bien changé. Un exemple avec le fameux « topless » (ou « seins nus »), phénomène apparu au milieu des années 1960, atteignant la capitale avec les bains Deligny, une piscine flottante place de la Concorde à Paris, devenue, comme mentionnée dans le livre *Incorrect*, le « haut lieu du sein nu[61] ». Mais la France est-elle toujours la patrie des seins nus ? Cela semble bien mal en point. Le nombre d'adeptes du topless diminue en effet d'année en année. Comme le révèle l'Ifop et François Kraus, à peine 22 % des femmes enlèvent régulièrement ou occasionnellement le haut en été, contre plus de 1 sur 3 il y a dix ans (34 % en 2009). Et si on remonte jusqu'aux années 1980, qui furent celles de la grande époque du bronzage monoï et du culte du teint hâlé, le recul de ces dépoitraillements publics est encore plus net : aujourd'hui, à peine 19 % des femmes de moins de 50 ans se mettent seins nus à la plage, soit deux fois moins qu'il y a trente-cinq ans (43 % en 1984)[62]. La liberté et la légèreté sont donc touchées quand la pudeur semble faire son retour dans la tête, dans les cœurs et dans les corps.

D'ailleurs, au cours de l'année 2020, on a entraperçu quelques problèmes avec les seins et les tenues vestimentaires : à Sainte-Marie-la-Mer, deux gendarmes ont demandé à plusieurs femmes, qui bronzaient seins nus, de remettre leur haut de maillot de bain[63], tandis que des collégiennes et des lycéennes se sont vu refuser l'accès à leur établissement scolaire à cause de leurs tenues jugées inappropriées, et notamment du crop-top[64]. Rappelons qu'il s'agit d'un haut court qui a fait son apparition dans les placards des ados dans les années 1990 sous l'inspiration des Spice Girls, de Christina Aguilera, de Britney Spears ou encore de Destiny's Child.

En outre, ce qui a changé depuis ces années, c'est l'apparition de la génération des lofteurs qui se sentent indignés et offensés dès que l'occasion se présente, trop heureux de pouvoir être consolés ensuite par une horde de gens bien-pensants venant leur caresser la tête pour pleurer sur leurs épaules. On ne sait plus où donner de la peine. Alors que, en 1960, c'était un combat contre la raison, l'époque d'aujourd'hui est celle d'un combat permanent. Tout est combat. Ce qui, vous l'aurez compris, peut aisément entraîner des formes sévères de paranoïa. Quelques éléments sont à mon sens inquiétants quant à l'avenir du rire et de la légèreté dans la société : 52 % des jeunes de moins de 25 ans sont opposés au droit de critiquer une croyance et une religion[65].

Dans une autre enquête réalisée à l'occasion de l'ouverture des procès de janvier 2015[66], on comprend que ce sont les jeunes lofteurs qui sont les plus durs face à la liberté d'expression. Ils en seraient devenus, en quelques années, des ennemis, alors que c'est bien ce qui caractérisait pourtant la jeunesse jadis : la légèreté et un peu de je-m'en-foutisme. D'une façon générale, l'opinion des Français sur le droit à caricaturer les personnages religieux a évolué aux dépens des positions tenues par les organisations musulmanes qui avaient à l'époque poursuivi les médias ayant publié des caricatures du prophète musulman : 59 % des Français estiment que les journaux avaient

« raison » de publier ce type de caricatures « au nom de la liberté d'expression », alors qu'en février 2006, seule une minorité de Français partageaient cette opinion (38 %). Cependant, l'idée selon laquelle les journaux avaient « tort » reste largement répandue chez les musulmans (69 %), et surtout chez l'ensemble des jeunes de moins de 25 ans (47 %), ce qui pourrait à long terme faire encore évoluer l'opinion sur le sujet. Par ailleurs, si les Français s'avèrent de moins en moins indulgents (et c'est tant mieux !) vis-à-vis de l'indignation suscitée par ce type de publications – seuls 29 % d'entre eux la partagent, contre 36 % en février 2006 –, les jeunes se distinguent du reste de la population par une position beaucoup plus « compréhensive » à l'égard de l'indignation suscitée par ce type de dessins : la moitié des moins de 25 ans (47 %, contre 23 % des plus de 35 ans) la partage[67].

L'assassinat du professeur Samuel Paty par un terroriste islamiste symbolise tout cela en même temps[68]. D'abord, car il était l'œuvre de ceux (les tueurs et leurs complices bien nombreux) qui combattent, détestent et vomissent tout ce qu'il y a de léger dans la société. On sait en effet que le professeur d'histoire lâchement assassiné aurait été décapité par ce fasciste islamiste parce que des parents d'élèves s'étaient plaints qu'il ait montré des caricatures de notre bon vieux *Charlie Hebdo*.

Dans les images diffusées par les chaînes d'info en continu après l'assassinat, on voyait un parent d'élève déclarer que sa fille avait été « choquée » par le cours du professeur, que d'autres enfants avaient été

« blessés ». On apprend même que le professeur avait malgré tout eu l'élégance de proposer aux collégiens qui avaient « peur d'être blessés » (je l'écris, mais c'est tout simplement hallucinant) de sortir de la classe au moment du cours ou de « détourner le regard » des caricatures (en France, époque du sur-mesure où les élèves se croient chez Flunch, prennent ce qu'ils aiment et ne prennent pas ce qui ne leur convient pas, signe supplémentaire de l'« archipellisation » de la société française, chère à Jérôme Fourquet par ailleurs[69]).

À l'issue de ce cours, on apprend que certaines organisations ou associations avaient bien insisté et fait monter la sauce sur le fait que les élèves s'étaient sentis « agressés », « humiliés », « froissés » par ce professeur d'histoire, et qu'ils estimaient qu'on leur avait « manqué de respect » en montrant des caricatures et des dessins de presse.

Peur d'être blessé de quoi ? Peur d'être blessé par qui ? On a peur quand on traverse seul un endroit sombre, peur quand l'avion décolle et qu'il y a des secousses. On a peur d'être blessé quand on saute à l'élastique ou quand on fait du scooter sans chaussettes et sans gants. Pour le reste, ce n'est rien, rien que du papier, du vent, de la foutaise.

Choisissez bien vos amis avant d'aller dîner, car cela désormais peut vite partir en drame national dans l'époque de l'offense. C'est ce qu'il s'est passé pour le héros du formidable roman d'Ilan Duran Cohen, *Le Petit Polémiste*[70]. Tout allait bien pour Alain Conlang, polémiste télévisuel reconnu. Tout allait bien jusqu'au jour où, lors d'un dîner avec des amis, il lance en se marrant, pour faire une petite blague : « Je ne supporte pas les bonnes femmes et leur rapport au pouvoir, je ne supporte vraiment pas de travailler pour les nanas, c'est toujours un cauchemar. »

Dans ce Paris des années 2030, ouvrir ainsi sa gueule n'est plus acceptable, même avec des amis. Il devra donc répondre de son « humour mal ajusté » devant la justice après avoir été dénoncé par ses propres amis. Leur « notation sociale » (nouveau système de régulation des relations sociales dans le Paris de 2030) en dépend. Alain Conlang le comprend très vite lors du dîner :

> Les hommes ne pipaient mot, paralysés par mon inconscience. Fabien évitait mon regard, ce qui me fit beaucoup de peine, et je compris à sa tête baissée que je m'étais mis dans de sales draps. J'allais écoper d'un procès, c'était certain, les mecs étaient désolés pour moi, ces mâles honorables n'étaient aucunement mes complices dans cet horrible crime. Ma vie venait de basculer.

Les équipes du service de livraison Deliveroo en ont également fait la malheureuse expérience le 1er avril 2021. En pleine crise sanitaire, alors qu'Emmanuel Macron venait d'annoncer de nouvelles mesures afin de contenir le virus, l'entreprise de livraison de plats cuisinés décide d'envoyer à tous ses abonnés une petite blague (comme on en fait le 1er avril) par mail pour détendre l'atmosphère.

Il faut évidemment noter au préalable que les plateformes de livraison à domicile ont cartonné tout au long de la crise, et que Deliveroo est devenu un ami intime des foyers, un membre à part entière des familles. Selon une étude du cabinet Food Service Vision, la part des Français ayant recours à la livraison est passée de 40 % à 46 % entre 2019 et 2020, et la livraison pourrait représenter 19 % du chiffre d'affaires des restaurants d'ici 2024.

Passons. Le mail envoyé le 1er avril ressemblait à une banale confirmation de commande, comme les utilisateurs ont l'habitude d'en recevoir. En l'occurrence, 38 pizzas « Acciuga » aux anchois pour la modique somme de 466,40 euros. « Petit bonus pour récompenser votre fidélité : nous vous offrons cinquante sauces piquantes spéciales anchois ainsi que vos frais de livraison », indique le mail. Il fallait finalement viser les petites lignes en bas de page pour comprendre le piège : « Une dernière information qui pourrait s'avérer importante : les anchois de ces pizzas sont en fait… des petits farceurs ! Souriez, le poisson d'avril a encore frappé ! »

C'était malin, c'était drôle. La puissance et le volume de personnes que touche désormais Deliveroo se sont pourtant tristement illustrés dans le nombre de tweets postés par des utilisateurs indignés de cette blague, car les pauvres chouchous avaient eu peur, avaient été « stressés ». Résultat ? Deliveroo a été contraint de s'excuser. Dans un mail envoyé à ses clients le lendemain, la plateforme reconnaît « un poisson d'avril raté » : « Contrairement à notre intention, ce mail a pu vous induire en erreur et vous causer un stress inutile. Nous en sommes profondément navrés […]. Votre confiance est primordiale et nous espérons que vous accepterez nos excuses. »

Un stress inutile ? Pauvres enfants qui ne supportent plus la moindre petite angoisse, donc la moindre petite blague. En somme, d'éternels clients, intransigeants, absolument pas émus par le fait d'être devenus des tyrans, faisant rouler à toute heure des livreurs pour leur apporter à manger, sont tout à coup « choqués » par une petite blague. Pourquoi donc ? Sans doute parce que la blague leur apparaît comme un grain de sable dans la machine : soudain, ils n'ont plus le contrôle. Soudain, on fait autre chose que ce qu'ils ont ordonné qu'on fasse… Une blague ! Un imprévu ! C'est cela donc, désormais, l'inacceptable.

Car, oui, le rire ne doit plus être imprévu. C'est peut-être pour cela, afin de « maîtriser son rire » en toutes circonstances, que la nouvelle drogue à la mode dans les soirées est le fameux « gaz hilarant », devenue la drogue préférée des jeunes et désormais l'une des plus consommées en France. En effet, si l'on s'y arrête deux minutes, cet « objet » est très représentatif de l'époque. Le protoxyde d'azote vous permet, beaucoup plus que l'alcool (plus long) et l'herbe (aux effets aléatoires) de véritablement rire sur commande pendant plusieurs secondes. Ainsi, vous contrôlez votre rire afin de l'utiliser au bon moment. Le rire n'est plus spontané, en fonction de la situation, le rire ne peut plus se donner aux seules mains du hasard, mais doit être maîtrisé. Le gaz hilarant (que l'on a vu dans quelques soirées clandestines lors du confinement) vous permet de « garder la main ». Le rire, qui était du « mécanique plaqué sur du vivant[71] », est désormais chimique avec le gaz hilarant.

« L'ère hyperfestive, qui est le tombeau de toute vision critique et autocritique, est aussi la machine épuratrice de toute dérision et le broyeur automatique où tout sens du ridicule achève de s'effacer. Le rire avait partie liée avec le concret, et il n'avait partie liée qu'avec lui. Il est donc normal qu'il passe de plus en plus pour un corps étranger[72]. »

Les Jean Moulin en jean moulant : quand la fête devient sérieuse

Étant donné que le festif est partout, les espaces jadis « de fête » et de joie se doivent désormais d'exprimer le pathos de la vie quotidienne en permanence. Si vous avez le sentiment que l'époque est pesante, je vous rassure, vous avez raison. Tout simplement parce que vos espaces de respiration d'avant sont devenus des meetings de résistants de pacotille qui se donnent bonne conscience le temps d'une soirée.

Ainsi, un match de football doit être plus qu'un match de football. Vous pensiez venir tranquillement au stade avec votre vieux père pour regarder un match sans penser à autre chose et sans vouloir autre chose que le match ? Perdu ! Vous assistez, comme devant PSG-Basaksehir, à un meeting antiraciste en l'honneur du club d'Erdogan, grand défenseur de la liberté d'expression[73]. En outre, les footballeurs sont désormais sommés de prendre position contre la Coupe du monde au Qatar et de mettre des tee-shirts « Droits humains, sur et en dehors du terrain » (comme l'ont fait les équipes de Norvège, d'Allemagne et des Pays-Bas lors des matchs éliminatoires à la Coupe du monde 2022). Car jouer ne suffit plus. Et donner du plaisir aux gens n'est plus le sujet ni l'objet. Le football s'est fait manger tout cru par les nouveaux résistants.

Vous voulez assister tranquillement en famille aux Césars devant votre télévision pour retrouver un peu de la légèreté et de la rêverie qu'offre le cinéma après votre journée de travail ? Encore perdu ! Vous assistez à un meeting prévisible et ridicule. Vous vouliez regarder « Top Chef » entre amis ou en famille ? Dommage, la ministre de l'Environnement a décidé d'organiser l'émission (c'était le 7 avril 2021) au ministère de l'Écologie pour vous expliquer ce qu'est un dîner écoresponsable. Une nouvelle fois, plus de frontières entre politique et divertissement, le divertissement ayant ses entrées dans les ministères. Mais, heureusement, comme dit la ministre, « c'était très sympa, avec des équipes de tournage au ministère[74] ».

Qu'est-ce que les gens ont fait pour mériter cela ? Pour mériter de supporter le pathos dans tout et tout le temps ? Pour qu'on leur fasse passer des messages en permanence ? Qu'est-ce que les gens ont fait pour mériter chaque semaine, chaque jour, les tribunes, manifestes et toutes les pétitions, textes, tous aussi creux les uns que les autres ? Ça passe son temps à écrire et signer des tribunes, pensant avoir grâce à cela une prise sur la réalité, car tout le monde se met à les commenter sur les plateaux télé. Or les tribunes portent bien leur nom : faire une tribune pour agir, c'est comme un supporteur en tribune pour regarder un match de football : vous n'avez aucun moyen de faire quoi que ce soit à part brailler et commenter ce que vous voyez. La tribune est le meilleur moyen de donner l'illusion que vous faites tout en restant bien au chaud dans les loges. La société de la tribune, c'est une nouvelle trace de la société du bavardage, tout simplement, alimentée par Twitter, réseau social utilisé au moins une fois par jour par seulement 8 % de la population française (70 % ne l'utilisent jamais[75]), mais qui semble suffisamment puissant pour parvenir à faire partir le dessinateur Xavier Gorce du journal *Le Monde* pour avoir fait son métier : un dessin de presse[76].

Société du soutien, société de l'indignation : entre les deux, il n'y a plus rien. Enfin, si, il y a les gens normaux, qui ne vont plus supporter bien longtemps le déballage de pathos des stars sur Instagram. Il ne s'agit évidemment pas de dire que ces combats cités plus haut (antiracisme, défense de telle ou telle injustice, défense de la culture, défense de l'environnement) ne sont pas nobles. Simplement de rappeler que l'instrumentalisation par la fête et le divertissement de ces combats par des gens qui ont besoin de se donner bonne conscience est en train de rendre la société absolument indigeste.

En sus, de nombreux objets sont venus comme cela au fil des années empiéter sur la vie quotidienne : plus possible de fêter son anniversaire sans mettre une « cagnotte » à destination de je ne sais quelle association sur Facebook, car, quand bien même nous ne sommes plus généreux, cela permet de montrer à tout le monde qu'on l'est, qu'on est du bon côté de la barrière. Dans une société où l'on est fasciné par sa propre célébration, l'important n'est pas d'être généreux, mais l'image de soi comme un être généreux. C'est l'image qui régit tout dans la société hyperfestive. Plus possible non plus pour une personne publique de ne pas indiquer que les droits d'auteur de son livre seront bien reversés à telle ou telle association caritative (quand bien même le livre du ou de la responsable politique en question ne se vendra absolument pas, mais cela n'a aucune importance, car l'important est de se montrer solidaire et empathique).

La lecture de certains articles donne aussi à voir cet empiétement, ce que j'appelle une « grande déglingue », sur l'esprit de fête, de légèreté et de joie qui nous animait pourtant jadis : alors que l'on parlait plus haut du film *Titanic* et de la sortie de l'assignation de Rose Dawson grâce à sa participation à la fête irlandaise, un article de *Cheek Magazine* pose la question que tout le monde attendait, sans aucun doute : « Dans *Titanic*, Jack Dawson est-il un allié ou un *mansplainer*[77] ? » La journaliste écrit ainsi, au début de son papier :

> Je dois l'avouer, quand *Titanic* est sorti, je suis allée le voir deux fois en un week-end au cinéma. Pas seulement parce que c'est un bon film, mais surtout pour Leo DiCaprio, *alias* Jack Dawson. Qu'est-ce que c'était frustrant de le voir mourir à la fin sur cette porte assez large pour deux ! Quelle colère éprouvait-on avec ma

meilleure amie que Jack se sacrifie pour sauver Rose ! Nous, on l'aurait sauvé, disions-nous ! Aujourd'hui, je le pense encore, mais pour une tout autre raison : Jack aurait pu survivre, pas parce qu'il est beau, mais parce que ce n'est pas le rôle des hommes de protéger les femmes. De les sauver. Même s'il est le héros de mon adolescence, je m'aperçois maintenant que Jack, aussi sympathique soit-il, incarne une masculinité idéalisée et prompte au mansplaining, qu'il est nécessaire d'interroger si on veut déconstruire les stéréotypes et binarités de genre et repenser les relations amoureuses.

On dirait une immense blague.

Un autre exemple, celui-ci trouvé sur le site de Slate (article datant du 28 février 2021 et supprimé depuis). Le titre de l'article : « Peut-on manger de la baguette tradition en étant de gauche ? » L'objet ? Les « nombreuses questions que se posent les militants ces derniers mois ». Donc la cohérence entre la baguette tradition et la politique.

Sommes-nous vraiment sérieux ?

Par ailleurs, ce que donne à voir ce genre de pseudo-réflexions et de fausses intelligences sur le *Titanic* ou la baguette tradition, c'est la transformation par certains de tout en quelque chose de faussement sérieux, oubliant que le peuple, très souvent, s'en fout. Peut-on encore conserver cette liberté de s'en foutre ? de ne pas avoir un avis ? de ne pas participer au débat ou à telle ou telle manifestation ? de ne pas être associé ou tiré au sort pour je ne sais quelle délibération ou décision ?

Le problème de l'époque et de son absence de légèreté est lié à l'emprise dans un certain nombre de milieux de ceux que nous pourrions appeler « les casse-pieds », pour reprendre le titre du film d'Yves Robert sorti en 1992[78], dans lequel Jean Rochefort utilise un certain nombre de synonymes pour nommer cette catégorie d'individus : « Casse-noix, casse-burettes, casse-couilles, ribambelle de gonfleurs, de pompeurs d'air, suceurs de temps, formidable collection d'emmerdeurs et raseurs de haut niveau, petits porteurs de la connerie humaine, bousculeurs et embouteilleurs d'une vie où on se cogne comme à la rambarde d'une patinoire. »

Comme le disait aussi le regretté François Cavanna, cofondateur des magazines satiriques *Hara-Kiri* et *Charlie Hebdo* : « Le rire – je n'ose écrire l'humour, petit métier abandonné à des humoristes pour noces et banquets –, le rire est brutal, provocateur, imprévisible, injuste, sans pitié. Il ne venge, ne punit ni ne juge. Il s'en fout[79]. »

Nous étions insouciants : nous sommes devenus sérieux

Attentats : bals contre balles

« Notre obscénité, visible en effet, n'est que publicitaire, et notre dévergondage n'est que de surface. » C'est ainsi que Philippe Muray analyse notre époque dans *Chers djihadistes*, publié en 2002. Pour lui, quand bien même, et ce fut le cas avec la « Génération terrasse », nous donnons le sentiment de « résister » aux attaques en faisant triompher la vie, ce n'est qu'une illusion, une tentative vaine de nous rassurer et de nous encourager même si nous n'y croyons plus.

On ne peut lui donner tort. Il est en effet vraisemblable que la disparition de l'esprit de fête et de la légèreté dans notre société a aussi quelque chose à voir avec le terrorisme et les attaques à répétition des islamistes contre la France depuis Mohammed Merah en 2012.

Ce que je pense, c'est que nous avons perdu l'insouciance, et que tout cela nous a littéralement fait péter les plombs. En s'attaquant violemment à la France, les terroristes nous ont définitivement abattus. Le trauma, quand bien même il n'est pas perceptible ou visible à l'œil nu, est toujours là. Et croire que nous allions nous en débarrasser aussitôt de retour sur les terrasses (ces fameuses terrasses, devenues par la suite des symboles du déconfinement en mai 2021) était évidemment une illusion. La vérité, c'est que les balles ont attaqué les bals. Et que l'envie de bal est bien moindre depuis 2015, car la fête n'est pas compatible avec la crainte de se faire trouer le corps.

On rappellera par ailleurs que les islamistes ont attaqué bon nombre de lieux « festifs » au cours des dernières années : l'attentat du 12 juin 2016 à Orlando, en Floride, dans la boîte de nuit LGBT Pulse, revendiqué par l'État islamique (50 morts,

53 blessés), ou encore l'attentat du 1er janvier 2017 à Istanbul dans la boîte de nuit Le Reina, revendiqué par l'État islamique (39 morts, 69 blessés). En outre, en France, le ministre de l'Intérieur d'alors, Gérard Collomb, avait révélé en septembre 2017 qu'un attentat avait été déjoué le 22 août 2017 à Paris, qui ciblait des boîtes de nuit parisiennes, et notamment des établissements gays[80].

Dans le très beau roman d'Emily Barnett, *Les Oiseaux de passage*[81], dont une partie de l'intrigue se passe dans le 11e arrondissement de Paris le soir des attentats du 13 novembre 2015, la narratrice, Juliette, pense aux victimes qui tentent d'échapper aux islamistes à l'intérieur du Bataclan : « À cette heure-ci, une telle cruauté est encore impossible à imaginer : leurs victimes terrifiées ou agonisantes qui, pour survivre, sont contraintes de feindre la mort. »

Beaucoup d'entre nous ont pensé à cela. Ont imaginé ne serait-ce qu'un instant ce qu'ils auraient fait s'ils avaient été dans cette salle de concert. Beaucoup sans doute se sont dit qu'ils auraient fait semblant d'être morts afin de ne pas mourir. Peut-être qu'à force de s'être imaginé feindre la mort pour survivre, on a finalement définitivement et inconsciemment adopté cette attitude. Faire le mort pour rester en vie, quand nos ennemis disent aimer la mort comme nous aimons la vie.

La narratrice de Barnett résume très bien cette fin d'insouciance marquée par les attentats du 2015 en France : « Je suis en colère. Parce que dans ce pays, en France, on a grandi dans l'idée qu'à nous, Parisiens, ados dans les années 1990, rien ne pouvait nous arriver. On baigne dans cette idée depuis toujours, dans la religion de notre propre sécurité, l'assurance que la guerre est un fléau lointain, qu'ici on est hors de danger et que cela justifie notre égoïsme. »

Après les attentats, nous citions Hemingway en permanence et proclamions partout que Paris était toujours une fête : les ventes de *Paris est une fête*[82] étaient passées de 10 exemplaires par jour avant les attentats à 500 juste après, pour atteindre les 1 500 exemplaires quotidiens le 19 novembre, faisant passer le livre en tête des ventes sur Amazon. Fin 2015, l'ouvrage s'écoulait à 28 000 exemplaires par semaine et, sur l'ensemble de l'année, 125 400 exemplaires auront été vendus[83].

La vérité intérieure était tout autre. Nous étions et nous sommes toujours flippés, usés, peut-être même déjà morts. Des morts-vivants. Quand bien même, lorsqu'il parlait de Paris, Jules Renard disait qu'il suffisait d'ajouter deux lettres pour faire PARADIS, la vérité est qu'il aurait mieux valu citer Éluard plutôt qu'Hemingway :

> Paris a froid Paris a faim
> Paris ne mange plus de marrons dans la rue
> Paris a mis de vieux vêtements de vieille
> Paris dort tout debout sans air dans le métro[84]

Santé et légèreté

« Avant, c'était la police qui me demandait de ralentir. Maintenant, ce sont les médecins. » Cette phrase de Jean Yanne, nous pourrions l'utiliser pour décrire la situation que nous vivons actuellement[85]. Ce poids du sanitaire dans nos vies, dont le paroxysme a été atteint durant la pandémie, est évidemment l'un des éléments qui mettent à mal l'esprit de légèreté et l'esprit festif.

Les thématiques de la santé et de la sécurité nous envahissent chaque jour, et c'était déjà le cas bien avant la crise sanitaire. On a perdu l'esprit d'enfance dont nous parlions plus haut. L'esprit de transgression n'est plus à la mode. Que de débats et de discussions beaucoup trop sérieuses pendant la pandémie. Chacun est devenu spécialiste santé, croyant avoir son mot à dire sur les courbes de contamination ou sur l'efficacité ou non des vaccins. Une inflation de paroles, une sorte de caquetage avec l'illusion d'en être et de peser sur la réalité, comme l'écrit bien Jean-Pierre Le Goff[86]. Chacun est venu donner son avis sur AstraZeneca, sans rien y connaître, évidemment, participant à ce bavardage permanent dans cette époque hygiéniste et cajolée qui se prend trop au sérieux.

Il n'est pas étonnant que la fête ait des difficultés à survivre dans ce monde qui ne cesse de parler, flippé à la première turbulence.

On se protège avant de faire, on n'ose pas tomber amoureux au risque d'avoir mal. Par conséquent, on n'ose plus faire la fête au risque d'être fatigué ou malade le lendemain. Mieux vaut rester en forme pour faire son footing le dimanche matin. C'est le lot de toute société hygiéniste ayant le culte de la performance, qui, tellement angoissée face au « lundi méchant », se « console en consommant son propre confort », comme le chante Gaël Faye dans *Lundi méchant*[87]. La vie parfaite, c'est la vie sans fête. C'est la vie rêvée de Skiddy, héros vertueux de la nouvelle de Fitzgerald *La Vie parfaite*[88], lorsqu'il reproche à la femme qu'il tente de séduire, Jobena, ses différentes frasques : « Jobena, vous... vous avez en vous les qualités d'une personne remarquable. J'ai eu beaucoup de peine, cet après-midi, à vous voir fumer de la nicotine et danser des danses modernes, suggestives, dignes de barbares. »

On n'accepte plus un plaisir interdit qui va nous faire mal, dont on va payer le prix à un moment ou un autre. Ou alors il faut rentabiliser le plaisir, au risque de se sentir mal, très mal. Il faut que la prise de risque soit maîtrisée. On l'a dit plus haut, votre anniversaire doit servir à quelque chose. Sur Facebook, vous devez pour l'occasion récolter de l'argent au profit d'une association. Lorsque vous partez en vacances ou en week-end, il faut absolument les rentabiliser d'une façon ou d'une autre (en mettant votre appartement sur Airbnb, par exemple), au risque de se sentir mal, très mal, voire repentant de prendre ce petit plaisir.

Société de la prévention et des plaisirs honteux, qui a peur de son ombre et d'avoir mal, je te prédis un très triste avenir.

3

Crises de la fête et nouvelles formes de déglingues

Le tableau qui précède avait pour but de montrer les raisons pour lesquelles la fête est morte. On accusera un virus venu de Chine, mais je parierai plus sur un basculement anthropologique apparu au début des années 2000, qui a donné naissance à des individus qui s'écoutent plus qu'ils n'écoutent, qui se la racontent plus qu'ils ne racontent, qui se regardent plus qu'ils ne regardent. En somme, ils ont préféré se fêter eux-mêmes plutôt que de faire la fête.

La fête était rupture, excitation, sortie de sa zone de confort. Elle est devenue continue, attendue, sur commande, entre soi, sans règles. Elle était rupture avec la vie classique, elle est devenue la vie elle-même. La joie festive permettait une augmentation de soi, elle est devenue une régression. Il n'y a plus de séparation entre la fête et le reste. On a voulu faire de nos vies une fête permanente. De fait, la fête n'est plus, car elle est tout.

Par-dessus cette lame de fond, il est par ailleurs intéressant d'observer les conséquences sur l'« événement » festif au cours des vingt dernières années, qui sont autant de démonstrations de ce basculement vers quelque chose d'autre. Car si la fête n'existe plus et que ses lieux emblématiques ont disparu, d'autres attitudes sont apparues.

Boîtes, bistrots et bals : table rase

La fin des boîtes de nuit

Bien avant la crise, les boîtes de nuit n'avaient plus la cote auprès des jeunes. L'âge d'or des boîtes de nuit dans les années 1980-1990, visible à travers des films comme *Scarface*, *Basic Instinct* ou *Pulp Fiction*, est révolu. Il y avait 4 000 boîtes de nuit en France il y a quarante ans. Notre pays en avait déjà perdu plus de la moitié avant la crise. La fin des discothèques est une dynamique semblable à la désindustrialisation du territoire. Il reste des traces, mais l'âme n'y est plus.

Les escapades dans les Villa, Makumba, Pacha et autres sont passées de mode. Et il y a fort à parier que la pandémie les achève définitivement.

Dans le Pas-de-Calais, près de Béthune, Le Paradisio, la plus grande discothèque au nord de Paris, avait déjà fermé ses portes en janvier 2020, faute de rentabilité. Alors qu'il pouvait drainer jusqu'à 1 500 personnes en quelques heures avec un décor inspiré des îles, le complexe de huit salles ne correspondait plus au repli sur soi et à l'hygiénisme du moment[1].

Comment expliquer cette perte d'attrait ? D'abord par les changements dans la réglementation, à commencer par celle sur l'alcool au volant, qu'on ne peut que saluer, évidemment. Jusqu'en 1972, il n'y en avait aucune en la matière. Comme on l'apprend dans le livre *Incorrect*[2], les juges pouvaient même considérer l'ivresse comme une circonstance atténuante en cas d'accident ! Mais, après un pic de la mortalité routière en 1972 avec 16 545 victimes, Jacques Chaban-Delmas, Premier ministre de l'époque, lance un plan de protection qui conduira au port obligatoire de la ceinture, à celui du casque pour les personnes à deux-roues, à la limitation de la vitesse et de l'alcoolémie au volant (0,8 gramme par litre de sang à l'époque ; nous sommes désormais à 0,5 gramme par litre, ou 0,2 gramme si vous avez un permis probatoire[3]).

Par la suite, le contrôle de l'âge et le prix élevé à l'entrée des discothèques rendirent leur accès plus difficile. Il faut par ailleurs ajouter le coût des consommations, pendant que les lois sur les licences de vente d'alcool s'assouplissaient pour les bars et pubs de centre-ville, ces derniers devenant alors plus « accessibles » et plus attrayants.

Souvent situées en périphérie, les boîtes de nuit ont donc perdu face à la demande de « fête à domicile ». Et pas qu'en France. Dès 2016, un rapport de l'Office britannique des statistiques nationales montrait que les jeunes boudaient les boîtes de nuit[4] parce qu'elles incarnent tout ce qui est diabolisé aujourd'hui : le bruit, la fatigue, le plaisir coûteux… Une enquête du *Guardian* réalisée auprès des 18-35 ans, datée de 2016 et relatée par le magazine *Grazia*, avait déjà détaillé ce désamour et le nouvel attrait pour la fête à domicile. Interrogée par le magazine, Lucy, 25 ans, qui vit à Londres, indiquait : « Pourquoi être entassée en sueur dans un club ou être limitée à seulement quelques activités nocturnes stupides quand je pourrais faire beaucoup plus à la maison pour moins d'argent[5] ? »

L'enquête du *Guardian* indiquait également un élément intéressant : le désamour des jeunes envers la musique des boîtes de nuit. Dans cette société du sur-mesure et de la playlist individuelle, les jeunes indiquaient que la musique que diffusent les clubs était souvent de mauvais goût, car « les DJs ne jouent pas ce que les gens veulent écouter ». Mieux vaut rester chez soi et être son propre DJ grâce à son smartphone et son enceinte Bluetooth.

L'enquête du *Guardian* venait par ailleurs confirmer l'apparition d'une génération stressée. Les boîtes de nuit représentaient en effet pour un grand nombre de jeunes qu'on interrogeait quelque chose de « stressant », avec la crainte d'égarer ses clés, son téléphone, ou celle de perdre un ami dans la foule.

Enfin, la génération névrosée semble également être une génération fatiguée. L'enquête de 2016 indiquait en effet que les jeunes se sentaient « épuisés », et que cette fatigue les amenait à rester chez eux pour se détendre et rattraper les activités qu'ils n'avaient pas eu le temps de faire pendant la semaine : regarder un film, faire du sport. Brie, une jeune femme de 21 ans, racontait à *Grazia* : « Une tasse de thé et des biscuits en face de la télé est beaucoup plus confortable que d'attendre d'être servi dans un club. »

Dans son livre *C'est fatigant, la liberté...*[6], Jean-Claude Kaufmann a bien perçu cette tendance discrète mais puissante, et digne d'un ramollissement généralisé : « le peuple est fatigué », le peuple a un désir intense de repos, du fait qu'il doit désormais tout décider par lui-même et pour lui-même, d'où l'acceptation des mesures de confinement avec autant de facilité, perçues comme des moments de décompression, des parenthèses face au vertige de l'abondance. Car « décider de tout, à chaque instant, fait entrer dans un univers d'incertitude et de fatigue mentale, dans une responsabilisation culpabilisante puisqu'elle impute à soi-même les échecs et fragilise l'estime de soi ». Ainsi, on aurait trop demandé aux jeunes Français, l'ambition était trop haut placée. Les enfants sont usés, enfoncés dans une mollesse existentielle. Ils veulent revenir au berceau familial, se retirer du monde, être de nouveau dans le ventre de Maman. D'ailleurs, cela ne trompe pas : pour 21 % d'entre nous, le lit est l'endroit que l'on préfère dans notre maison ou notre appartement, juste derrière le canapé et le jardin, mais devant la cuisine, le balcon, la douche ou les toilettes. Et c'est l'endroit préféré de la maison pour la moitié des 18-24 ans[7].

Petit à petit, les boîtes de nuit ont par ailleurs été perçues par la jeune génération comme des endroits dangereux, dans lesquels il n'était plus possible de danser et de s'amuser en toute sécurité. Risques d'*embrouille*, de harcèlements et d'agressions sexuelles : dans un monde sécuritaire, on rêve d'abord de sécurité.

Par ailleurs, les boîtes ont aussi été perçues comme des lieux ringards et trop chers, comme l'indiquait dès 2015 un article du journal *Ouest-France* : « Les jeunes préfèrent la fête à la maison plutôt qu'en boîte de nuit[8] ». Une lycéenne nommée Lila, interrogée par le journal, indique : « Aller en boîte de nuit, ça ne me fait pas envie. Ça a un côté vieux, non ? On s'amuse aussi bien chez les copains. Et puis, c'est cher… »

Bien avant le confinement, cette génération était déjà une génération « indoor », comme la caractérise Vincent Cocquebert dans *La Civilisation du cocon*[9]. S'appuyant sur une étude réalisée par YouGov en mai 2018 sur 16 000 personnes et dans 14 pays d'Europe et d'Amérique du Nord, il montre que, bien avant la crise sanitaire, nous étions déjà la première génération à aimer vivre *à l'intérieur*, sans même nous en rendre compte. Ce décalage entre la perception et la réalité est intéressant : alors que nous estimions passer environ 60 % de notre temps en intérieur, soit environ 16 heures, la réalité est que nous vivions déjà, en 2018, environ 90 % à l'intérieur, entre quatre murs, soit plus de 21 heures dans une journée – alors que nous travaillons environ

350 heures de moins par rapport aux années 1970, donc que nous avons beaucoup plus de temps libre.

C'est ainsi. Nous préférons passer des soirées entre amis devant « Koh-Lanta » ou « Top Chef », véritables phénomènes de société que beaucoup ne louperaient pour rien au monde, et dont les fidèles sont devenus encore plus nombreux grâce à la crise sanitaire. Le 10 février 2021, pour le premier épisode de sa saison 12, l'émission culinaire de M6 avait d'ailleurs battu son record avec presque 3,8 millions de téléspectateurs (contre 3,1 millions de téléspectateurs en moyenne en 2020 pour le démarrage de la onzième édition[10]). S'agissant de « Koh-Lanta », le vendredi 12 mars 2021, la chaîne TF1 s'est imposée en tête des audiences avec le lancement de sa nouvelle saison : « Koh-Lanta : les armes secrètes », tournée en Polynésie française. Ce premier épisode a été regardé par 5,74 millions de personnes en moyenne entre 21 h 15 et 23 h 50, soit 27,2 % du public présent devant son écran. Il s'agit du meilleur score en nombre de téléspectateurs pour un lancement de ce jeu d'aventure depuis l'édition au Cambodge en 2017[11].

Voilà pourquoi nous assisterons à des faillites et des fermetures quand tout sera redevenu « comme avant ». Mais la Covid n'y est pas pour grand-chose. La fête à la maison avait déjà gagné. Le principe du « on se colle », peu compatible avec une époque où la crainte d'être contaminé restera forte, finira simplement par les achever.

La fin des bistrots

En sus de la disparition des boîtes de nuit, un autre lieu mythique de l'ère festive de jadis est en train de disparaître : les bistrots, plus connus sous des noms comme Le Café des sports, Le Longchamp ou encore Le Balto.

Parfaitement documentée, une infographie de Sven Ortoli dans *Philosophie Magazine*[12] montrait cette disparition progressive : en France, on comptait 500 000 bistrots en 1900, 200 000 en 1960, pour seulement 40 000 aujourd'hui. Et, parmi les 34 968 communes françaises, 26 000 n'ont aujourd'hui plus de café, soit plus des deux tiers. Dans son enquête auprès de jeunes femmes et jeunes hommes ouvriers, employés et chômeurs de la région Grand Est, le sociologue Benoît Coquard indique que, dans l'un des principaux cantons où il est allé, le nombre de bistrots est passé d'une trentaine à seulement 3 entre 1979 et 2009, et de 31 à 1 dans un autre canton d'un département voisin[13]. Conclusion, selon lui : « Aujourd'hui, un homme d'une vingtaine ou d'une trentaine d'années ne met que rarement les pieds dans le bistrot du village, sauf le temps d'acheter un paquet de tabac, des cigarettes, des feuilles à rouler ou des jeux de loterie. » En somme, mis à part pour une partie de la France rurale plus attractive et plus touristique où l'on va retrouver un bar dans chaque petit village, les rares bars de la France rurale en déclin sont délaissés par les jeunes, car ils incarnent le déclin eux-mêmes.

Une partie de ce qui fait l'esprit français sur l'ensemble du territoire a donc disparu, alors que 86 % des Français considèrent que le café fait partie de l'identité de la France, 85 % jugent « regrettable » cette disparition des cafés à proximité de chez eux, et 87 % considèrent que la présence des cafés est un élément important pour l'attractivité d'une commune[14].

Au même titre que les boîtes de nuit, de nombreux cafés vont être ruinés par la pandémie. Selon Marcel Benezet, président de la branche des cafés, bars, brasseries du GNI-Synhorcat cité par *Philosophie Magazine*, 30 % des bars et restaurants en France n'y survivront pas. Mais ce délitement était déjà à l'œuvre, et ce bien avant 2020, au même titre que les boîtes de nuit.

« Le comptoir est le Parlement du peuple », écrivait Balzac dans *Les Paysans*. À l'ère du grand bavardage, de Twitter et de Clubhouse, le peuple adolescent s'est désormais tourné vers le clavier plutôt que vers le zinc. C'est donc une partie de ce qui faisait la légèreté des territoires loin des grandes villes qui s'est délité au fil des années.

La fin des bals populaires

> « Dans les bals populaires
> L'ouvrier parisien
> La casquette en arrière
> Tourne tourne tourne bien[15] »

Un autre élément constitutif et représentatif du lien social dans les territoires français a subi le même sort que les bistrots au cours des dernières décennies : le bal populaire.

En raison du contexte sanitaire, tous les bals populaires et les thés dansants ont été annulés dans les campagnes françaises. Une catastrophe pour les accordéonistes, qui ne pouvaient plus travailler, mais aussi, par extension, pour les fabricants d'accordéons. Tandis qu'Amazon se refaisait une santé, le célèbre fabricant d'accordéons Maugein, vieille institution de plus de cent ans, a vu son chiffre d'affaires chuter de 37 %[16] (à titre de comparaison, Cornilleau, le leader français des tables de ping-pong, a accru ses ventes de 20 % pendant le premier confinement, car les particuliers se sont rués sur les tables de ping-pong pour passer le temps[17]).

Mais, à l'identique des discothèques et des bistrots, les bals populaires avaient du plomb dans l'aile bien avant la Covid. Bien sûr, le 14 Juillet demeure incontournable, mais si le bal des pompiers est encore présent par-ci, par-là, il n'est que le fantôme du bal populaire d'autrefois, et une nouvelle illustration que les fêtes civiques nationales ne sont plus qu'un lointain souvenir, quand bien même la République s'est longtemps tournée vers des « assemblées festives » afin de « forger la conscience d'une continuité d'appartenance, comme l'écrivent Christophe Prochasson et Vincent Duclert dans leur *Dictionnaire critique de la République*[18]. Or, avec la fin des rassemblements festifs et le déclin des grands bals populaires comme ceux du 14 Juillet, la République est condamnée à se manifester autrement dans l'époque qui est la nôtre. On pourrait d'ailleurs y voir l'une des raisons pour lesquelles le sentiment d'appartenance à la communauté nationale semble si mal en point. « À tout régime, et surtout à la République vertueuse et citoyenne, il faut des fêtes. C'est à travers elles que l'on fait mémoire des grands hommes et des événements, que l'on dispense un enseignement civique et que le peuple s'offre à lui-même le spectacle de sa force et de son harmonie », écrit le grand historien Maurice Agulhon dans *Les Mots de la République*[19]. Force est de constater que ces fêtes ont disparu. La cohésion nationale avec.

Revenons aux bals populaires. Leur déclin a très bien été analysé par Benoît Coquard dans son enquête « en immersion » dans la région Grand Est[20]. Il relate ses entretiens avec de jeunes femmes et de jeunes hommes ouvriers, employés, chômeurs habitants dans différents cantons de la région. Et ce qui est frappant, c'est la nostalgie des anciens (et le regret des jeunes générations) d'un temps où la sociabilité était intense dans les campagnes françaises, un temps où il était encore possible de rencontrer des gens différents au cours d'événements festifs et populaires comme les bals, événements réguliers et gratuits, qui symbolisaient le dynamisme économique des campagnes et de l'époque : « Du temps des bals, nous racontent-ils, on trouvait une soirée dansante quasiment toutes les semaines avec cinq ou six cents personnes chaque fois. Tous les week-ends, on prenait les mobylettes pour aller au bal. »

Dans son livre, Coquard nous informe que le nombre de bals a été réduit à cinq ou six sur une année dans les cantons où il a enquêté, avec des soirées ne faisant pas plus de soixante entrées dans une salle des fêtes « ayant par le passé accueilli des centaines de personnes pour des soirées dansantes ayant lieu tous les quinze jours ».

L'époque de la mobylette tous les week-ends semble en effet bien loin. D'autant plus que le bal, pour les jeunes générations présentes sur place, est devenu symbole de ringardise, tourné en ridicule, car, selon eux, fréquenté uniquement par les « cassos » (cas sociaux). Un autre élément, qui signe aussi la fin de l'ère festive et légère, attire notre attention dans ce livre. Coquard indique que, dans les cantons du Grand Est, on dénombrait jusqu'au début des années 1990 entre 300 et 700 personnes durant les bals. Bien plus attractifs qu'aujourd'hui, ces événements « ne nécessitaient pas de service de sécurité, tandis que, dans les années 2010, un ou deux vigiles sont présents à chaque manifestation, puis les éventuels débuts de bagarre sont rapportés dans le compte-rendu du journal local ».

Voilà : dans les campagnes où les lieux de sociabilité tendent désormais à manquer, Coquard nous dit que les apéritifs « quasi quotidiens » disparaissent des lieux publics et se déroulent désormais « chez les uns, chez les autres », entre groupes d'amis, en lieu sûr, loin des rues, des bistrots et des endroits dangereux. La fête, pour être sécurisée, a été en partie privatisée.

Drogues : de la surenchère à l'autodestruction

« Jouissance de l'ivresse, consommation de masse des drogues, transes dans les fêtes technos : pour indéniables qu'ils soient, ces faits n'autorisent pas à ériger Dionysos en mythe emblématique de notre époque[21] » : parmi les métamorphoses de la fête, l'une d'elles, complémentaire au repli sur soi et à la fête à la maison, concerne évidemment la consommation de drogue. Et, alors qu'un certain nombre de produits stupéfiants avaient vocation dans les années 1960 à aider au « dépassement de soi » dans une démarche de « découverte sensorielle », force est de constater que nous sommes passés à totalement autre chose. Il n'est plus question de dépassement de soi, ni même d'amour de soi, mais de destruction de soi.

Dans *L'Archipel français*[22], Jérôme Fourquet a très bien montré comment la consommation de cannabis s'était fortement diffusée au sein de la population, au point d'être devenue un passage normal et obligé pour la jeune génération. Alors qu'on ne dénombrait que 4 % de consommateurs réguliers au début des années 1990, la proportion a grimpé à 8 % en 2000 et 11 % en 2014. C'est par ailleurs devenu un véritable rite de passage pour les jeunes : quand, au début des années 1990, 1 jeune de 17 ans sur 5 avait déjà fait au moins une expérience du cannabis, c'est le cas aujourd'hui de pratiquement 1 jeune sur 2. Les jeunes consomment moins d'alcool qu'autrefois, mais la consommation de drogues illicites a explosé. Près de 5 % ont par ailleurs déjà consommé du LSD, de la cocaïne ou de l'ecstasy, et 10 % ont fait l'usage de produits à inhaler[23].

Loin de vouloir se « dépasser » pour être en osmose avec autrui, la jeune génération faussement festive tente plutôt une fuite d'elle-même à travers la consommation de plus en plus régulière de ce type de produits. Chez une génération « en thérapie », les drogues citées ne sont plus associées à la joie, à l'extase, au commun, au collectif, mais doivent plutôt être comprises comme une façon d'échapper à la difficulté d'être soi et de vivre en société. Ainsi, la consommation frénétique de produits illicites lors d'événements festifs n'est pas la continuité de l'époque dionysiaque des années 1960, mais plutôt la conséquence de la névrose générée par l'individualisme et par les vertiges de la société de l'abondance. Gilles Lipovetsky résume parfaitement cette fatigue d'être soi : « Incapable de se supporter lui-même, Narcisse se défonce en quête d'oubli de soi, de liens, de bien-être groupal[24]. »

Une drogue symbolise à elle seule cette métamorphose entre la fin des années 1960 et aujourd'hui : l'ecstasy (ou MDMA). Prisées des jeunes en soirée (entre 5 et 10 euros le comprimé), ces pastilles colorées aux allures de Smarties (qui provoquent une vingtaine de décès chaque année) sont majoritairement consommées par des individus entre 18 et 25 ans[25]. Frédéric Beigbeder décrit parfaitement ce que permet cette drogue dans le malaise existentiel de l'époque :

> « Je ne me suis jamais senti aussi à l'aise. Je n'ai plus de problèmes dans l'existence [...]. Je suis complètement

désinhibé, jamais je n'ai été moins timide [...]. L'ecstasy fait payer très cher ses quelques minutes de joie chimique. Il donne accès à un monde meilleur, une société où tout le monde se tiendrait par la main, où l'on ne serait plus seul [...]. Il vous laisse entrevoir tout ça, et puis, tout d'un coup, sans prévenir, vous claque la porte au nez[26]. »

L'ecstasy, symbole d'une génération qui cherche à se fuir au lieu de se dépasser.

Mais, surtout, la consommation de cannabis, cocaïne ou ecstasy n'est pas signe de joie ou d'une société qui va bien. La dépendance qu'elle crée fait plus de dégâts qu'autre chose. Violence pour conquérir sa place pour la vente, violence pour se faire respecter, violence et actes de délinquance pour se procurer sa dose... Comme l'écrit Jérôme Fourquet, « le deal a pris ses quartiers dans toutes les villes de France », et l'incrustation de cette économie criminelle « gangrène littéralement un tissu social déjà fragilisé[27] ».

On l'a dit plus haut, le propre de notre époque de fin de la fête est qu'il n'y a plus de séparation, plus de limites. En somme, on retrouve également cette fin des limites quand on observe les attitudes des jeunes fêtards avec les produits stupéfiants. Ce dépassement excessif et dangereux des limites se retrouve à travers un autre phénomène propre à une génération en quête de surenchère permanente, et ce jusqu'à l'autodestruction : le *chemsex* (le sexe sous drogues). Un romancier, Johann Zarca, en a même fait un roman, *Chems*. Dans une interview pour *QG*[28], il décrit ce

« nouveau fléau » qui touche d'abord et avant tout les milieux gays et qui consiste à prendre, pendant le sexe, des substances psychotiques ayant pour but de maximiser à la fois le plaisir et la performance, et de « démultiplier fantasmes et orgasmes ». Alors que l'on pourrait croire, au même titre que la banalisation de la consommation de cannabis, que cette pratique du chemsex n'est finalement que la continuité des années 1960, la réalité est bien différente. On ne compte plus les décès, séjours à l'hôpital ou personnes en cure après l'avoir pratiqué. Pour Johann Zarca, ces drogues réduisent les consommateurs à l'état animal : « On n'est pas dans la sensualité de l'ecstasy, la drogue de l'amour, il n'y a rien d'érotique là-dedans, on est dans ce qu'il y a de plus cru. Elles révèlent nos fantasmes les plus cachés, font sauter tous les verrous et créent une addiction sans limite au sexe. »

Le risque, en plus de la dépendance (on parle de drogues extrêmement addictives) est alors l'overdose : on mélange aisément les substances psychotiques, la surdose de GHB entraîne souvent un coma, et la crise cardiaque n'est pas loin quand on mélange Viagra et poppers. Johan Zarca résume cela parfaitement : « C'est une course aux enchères [...]. On est au paroxysme de la société de consommation. On vit avec l'obsession de maximiser la quantité de kiff, d'atteindre le plaisir ultime. C'est la surenchère jusqu'à l'autodestruction. »

Signe de la montée de ce fléau (qui reste néanmoins un tabou), la Mairie de Paris a annoncé qu'elle allait mettre en place d'ici fin 2021 un plan de réduction des risques liés au chemsex. Un médecin généraliste cité par le site Slate indiquait : « La situation aujourd'hui a atteint un niveau d'inquiétude inégalé par la fréquence et la gravité des situations rencontrées[29]. » Johann Zarca indique quant à lui que, durant le premier confinement, il y a eu des morts toutes les semaines à Paris en raison de cette pratique en vogue.

Autodestruction, oubli de soi, addiction et dépassement des limites. Ainsi est le rôle de la drogue dans la société malade de la fête, une société en mal-être existentiel, une société fatiguée d'être soi-même.

Gigantisme et américanisation

Dans la même lignée du dépassement des limites et de l'extension du domaine de la perdition, un autre phénomène avait, avant la Covid, pris de l'ampleur, au grand dam d'un certain nombre de stations balnéaires : les *spring breaks*, signes de la poursuite de l'américanisation de nos sociétés et de la fête. Nous avions déjà droit aux *afterwork*, aux soirées d'intégration, aux cérémonies de remise de diplôme, aux gobelets rouges et à Halloween. Le spring break est quant à lui cette nouvelle mode qui donne à voir des jeunes de toute l'Europe venir s'éclater le temps d'un week-end d'avril à juin dans un certain nombre de stations balnéaires, parmi lesquelles le nord de l'Espagne, et notamment la Catalogne (Barcelone, Lloret de Mar, Salou). L'Espagne est en tout cas la destination favorite des jeunes Français en quête de sensations fortes le temps d'un week-end.

Au départ, ces stations balnéaires se sont développées autour d'un tourisme familial, qui ne gênait pas les habitants du coin.

La conséquence de la fête version spring break ? Des hordes de jeunes qui débarquent massivement par cars entiers, et dont les séjours sont souvent planifiés par des tour-opérateurs qui exploitent ce nouveau filon (tour-opérateurs qui permettent aux jeunes de bénéficier de l'alcool gratuit et à volonté dans les hôtels réservés). Résultat : 100 000 jeunes viennent s'enivrer sur la Costa Brava chaque année, en buvant à toute heure du jour et de la nuit. Munis d'un bracelet (sorte de « permis de s'enivrer »), les jeunes spring breakers se comportent non pas comme des individus joyeux de faire la fête avec autrui, mais comme des clients dont l'objectif premier est d'aller au bout de leurs limites.

Il est d'ailleurs intéressant de voir que la pandémie n'a absolument pas apaisé ce besoin de gigantisme et de perte de soi. En mars 2021, en pleine pandémie, des milliers de jeunes Américains s'étaient rendus sur les plages de Miami Beach afin de fêter, comme le veut la tradition, le début des vacances de printemps. Le maire de Miami, Dan Gelber, indiquait en outre que le volume des personnes présentes était « clairement supérieur à celui des années précédentes ». Les festivités se déroulaient de jour comme de nuit, dans les bars et les restaurants, obligeant la Floride à imposer un couvre-feu d'urgence entre 20 heures et 8 heures, quand bien même la police de Miami tablait pour des festivités qui allaient durer tout le mois d'avril. Cela se passera-t-il à Paris, devenu une immense terrasse ?

4

La fête demain ? Quatre tendances

Pouvons-nous, pour terminer cet essai, tenter de nous projeter vers les « événements » festifs de demain ? À quoi tout cela va-t-il ressembler ? Et comment la Covid va transformer, peut-être, nos comportements dits « festifs » ?

Avec toutes les réserves de rigueur, évidemment, sachant que tout va très vite et que des nouvelles formes de fête auront peut-être déjà vu le jour sans attendre la sortie de ce livre, remarquons quatre tendances pour le monde de demain.

Être vu sur les toits du monde

À travers les récentes métamorphoses de la fête, il est à noter qu'un phénomène était bien présent dans les grandes villes avant la pandémie, et qu'il a de solides atouts pour tirer son épingle du jeu à l'issue de ces divers confinements : la fête sur les *rooftops*. Concept une nouvelle fois venu tout droit des États-Unis, les toits-terrasses ont poussé partout jusqu'à devenir les lieux les plus tendance des grandes villes, symbole – le haut, le bas – d'un monde qui en regarde un autre, de haut. De très haut. On surplombe les gens. On est en haut, loin des miasmes, retiré du monde et de son fracas usant. On s'y sent plus en sécurité qu'à même le sol. On a le ciel à portée de main. Et la vue imprenable sur la ville vous offre une justification rêvée pour faire une belle photo Instagram.

Et, surtout, le rooftop a de solides atouts dans une époque où la branchouille continue de s'étendre. Car ces terrasses attirent d'abord une clientèle d'initiés et assez branchée. Tout ce qui leur permet de continuer d'être ensemble suscitera leur approbation, à commencer par les prix des consommations, aussi élevés que les terrasses.

Par ailleurs, si l'on fait un peu de prospective, il y a fort à parier que les villes à venir seront faites d'immeubles plus hauts que ceux d'aujourd'hui, afin de loger tout le monde sans faire de l'étalement urbain (la densité plutôt que l'étalement). De bon augure pour les fêtards et leurs coupes de champagne.

Le règne de l'éphémère, de l'insolite et du vintage

Lieu éphémère

L'engouement pour tel ou tel gadget dans la société festive dit souvent beaucoup des valeurs de celle-ci, bien évidemment. Comme le dit Muray, « dans ce monde sans esprit, il arrive que l'esprit vienne aux objets[1] ». On pourrait dire que l'un des objets symboles de notre temps est Snapchat. Cette application, dont nous sommes férus, repose sur le caractère éphémère des photos que vous prenez (elles expirent après que vous les avez vues). Snapchat permet donc une chose : réaffirmer en permanence son identité au moment même où la photo a été envoyée, identité effacée au moment même où la photo a été vue. C'est l'application de l'éphémère, de la réinvention permanente et du mouvement.

L'« éphémère » a de solides atouts quand on parle de l'avenir de la fête. Terminés les lieux ancrés, comme les boîtes de nuit ou les bistrots. L'époque veut de l'intermédiaire, du bougisme et du changement. « Des terrasses éphémères ». De la même manière que l'on veut changer de métier ou de lieu d'habitation chaque année, on veut changer de lieu festif autant que possible. C'est très représentatif d'une époque pour qui la répétition, l'habitude ont des contours mortifères et ennuyeux.

Par ailleurs, le lieu éphémère correspond parfaitement à la société de l'improvisation et à l'ère de l'imprévisible qui s'ouvrent à nous. Ainsi, au même titre que la chaise pliante est devenue un objet fétiche de la crise sanitaire (parmi les produits les plus tendances de l'été 2020, les chaises pliantes figuraient en bonne place, l'enseigne Decathlon a noté une croissance des ventes à deux chiffres de ses produits de marque Quechua[2]), il en est de même pour le lieu éphémère : modulable, mobile, il correspond parfaitement à une époque faite de *stop and go*, où les périodes de confinement et de déconfinement alternent. Pour résumer, la chaise pliante et les terrasses éphémères sont les armes idéales pour vivre en improvisation permanente, sans savoir de quoi l'avenir sera fait. Dans une époque où nous serons amenés, beaucoup plus que par le passé, à négocier avec le milieu extérieur qui se renouvelle sans cesse, la terrasse éphémère permet de plier bagage rapidement, sur un coup de tête, un coup de cœur ou un coup de tonnerre.

L'insolite et le vintage

En lien avec les « spots éphémères », la tendance qui continuera de s'étendre aura sans doute trait à la fête dans des lieux « insolites » et « vintage », fête inspirée de la culture underground venue d'Allemagne et des fêtes berlinoises.

Bien avant la crise, la tendance était déjà aux soirées dans des lieux atypiques. Ainsi, des terrasses et des lieux de fête étaient installés gare du Nord à Paris, d'autres dans des anciens hangars de la SNCF. À une époque où la transgression n'existe plus, ce type de soirées donne un petit goût d'interdit, et il y a fort à parier que, avec la fermeture d'un certain nombre de lieux fixes (bars, discothèques), ce type d'événement va se multiplier. En sus des anciens hangars désaffectés et d'anciennes friches industrielles, les vieux stades, les usines fermées ou des hôtels délabrés feront l'affaire. En somme, il n'est pas à exclure que certains lieux qui seront dans l'obligation de mettre la clef sous la porte à l'issue de cette crise soient utilisés ponctuellement par des entreprises d'événementiel afin de rallumer la flamme le temps d'une soirée.

Un exemple de lieu « atypique » ? Le 5 avril 2021, le journal *Le Parisien* annonçait la mise en place pour l'été d'un « open air » (géré par Glazart) nommé Kilomètre25 pour danser sur 2 000 mètres carrés à l'emplacement d'une ancienne déchetterie, juste en dessous du périphérique francilien, à côté d'un centre logistique d'approvisionnement de marchandises (pour le dire autrement, à côté d'un parking avec des gros camions). Les fêtards et les livreurs pourront danser ensemble. Sous le ciel de Paris et le périph.

On l'a dit en introduction, les Françaises et les Français se réfèrent de plus en plus aux valeurs du passé. D'ailleurs, quand on leur demande l'époque à laquelle ils auraient aimé vivre, 30 % seulement répondent « aujourd'hui », 5 % « dans le futur », et 65 % « dans le passé ». Dans le détail, 21 % choisiraient de vivre dans les années 1970, 17 % dans les années 1980 et 14 % dans une époque qu'ils n'ont pas connue[3].

Par ailleurs, il faut noter que, lors du premier confinement, les Françaises et les Français ont tous cherché à se replonger dans le passé. Cette grande parenthèse fut un voyage dans le temps.

On a regardé des vieux films, ou des vieux événements sportifs comme d'anciens matchs de football, avec les commentaires d'époque. Le fameux match France-Allemagne, demi-finale de Coupe du monde à Séville en 1982, a été proposé par la chaîne L'Équipe TV le 24 mars, et a rassemblé incroyablement entre 250 000 et 300 000 téléspectateurs, soit 20 % de plus qu'une soirée dite « normale » sur cette même chaîne. Nous nous sommes réfugiés dans des loisirs anciens, traditionnels : durant la première semaine de confinement, chose inédite, la liste des dix jouets les plus vendus comportait dix jeux de société et puzzles. Comparées avec la même semaine en 2019, les ventes de puzzles ont affiché une croissance de 122 %, tandis que les jeux de société ont enregistré une hausse des ventes de 83 %. Dans le top cinq des ventes, on a retrouvé des grands classiques, anciens, vieux comme on aime : Monopoly, Bonne Paye, Scrabble, Uno, Puzzle[4].

D'ailleurs, comme on l'a vu, la marque Lego, un vieux de la vieille par excellence (les premiers jouets Lego furent créés en 1932 par un charpentier danois, Ole Kirk Christiansen), a été littéralement dopée grâce à la crise de la Covid. En septembre 2020, la marque affichait pour le premier semestre 2020 des ventes 14 % supérieures à celles du premier semestre 2019. Durant le premier confinement, les ventes en ligne de Lego ont en effet explosé, comme si on avait de nouveau appris à jouer en famille avec des jeux physiques, comme avant.

Il y a donc un amour du vieux, mis en lumière par la crise sanitaire et par le premier confinement.

On rappellera ainsi que le bonbon le plus consommé des Français est la bonne vieille « Fraise Tagada », inventée par les équipes françaises de la marque Haribo en 1967, et qu'on assiste depuis une dizaine d'années à un retour en force du pâté en croûte, classique de la charcuterie française[5]. En outre, les Français ont passé 2020 à écouter des monuments de la chanson hexagonale, comme de véritables « valeurs refuges ». Dans sa rétrospective de l'année 2020[6], la plateforme Spotify indique ainsi que Céline Dion, Johnny Hallyday et Jean-Jacques Goldman se trouvent, durant cette « année si spéciale », dans le top 100 des artistes les plus écoutés sur la plateforme. De même, en 2020, le groupe mythique Téléphone a vu son nombre d'écoutes multiplié par deux entre 2019 et 2020, et c'est le même constat pour Michel Berger sur la même période. Francis Cabrel a quant à lui enregistré une augmentation de 40 % de ses écoutes entre 2019 et 2020, et les a même triplées depuis la sortie de son album en octobre 2020.

Il y a ainsi un goût certain pour le vintage, et il y aura demain un potentiel pour la « fête nostalgique ». Nicolas Bedos l'avait bien senti avec son film *La Belle Époque*. Les événements festifs qui auront du succès seront donc peut-être ceux qui parviendront à incarner ce côté nostalgique, qui offriront des ambiances « à l'ancienne », afin de faire replonger le spectateur, le temps d'une soirée, dans une époque faite d'humour et de légèreté, avec quelques Polaroids mis à disposition des consommateurs, afin que ceux-ci repartent avec des souvenirs et des photos en papier « comme avant ». C'est ainsi que certaines fêtes donneront l'impression de faire de la « résistance » dans des territoires qui tenteront de conserver un semblant de tradition, quoi qu'il en coûte : c'est le cas des fêtes votives en Provence dont nous parlions, ou encore des ferias de Bayonne, Dax ou Mont-de-Marsan, immenses beuveries démocratiques où les classes sociales sont tout à coup abolies comme par magie grâce à l'uniformité de la couleur des vêtements (blanc et rouge) et des alcools consommés (généralement infâmes). Quelques carnavals résisteront aussi sans doute, comme à Nice ou Dunkerque.

Ces « fêtes à l'ancienne », quoi qu'on en pense, auront au moins une vertu : celle de rendre un dernier hommage à une époque que l'on a vue s'effacer petit à petit sous nos yeux, à cause de la disparition d'individus ou de lieux durant la crise sanitaire. Les décès en 2020 de Guy Bedos, Michou, Pierre Bénichou, Michel Piccoli, Juliette Gréco, Anne Sylvestre, Gisèle Halimi, Annie Cordy, Sean Connery, Maradona..., tous représentants d'une époque qui semble révolue, donnent envie de s'y replonger une dernière fois pour définitivement fermer le ban.

La fin du hasard

S'il y a bien un élément que l'on va vouloir éviter lors du retour à la « normale », ce sont les files d'attente devant les supermarchés, les librairies, les boulangeries, symboles de cette crise sanitaire dont on ne voudra plus entendre parler… La file d'attente, nécessaire par temps de Covid, n'est pourtant pas compatible avec la société du sur-mesure et de l'immédiateté.

Le saviez-vous ? On passe l'équivalent de 6 mois d'une vie dans des files d'attente (près de 3 jours par an[7]). D'ailleurs, tout le monde a sa petite stratégie pour essayer de « couper la file ». Peut-être même en avez-vous déjà expérimenté dans un parc d'attractions. En 2013, à Disney World (Floride), la société Dream Tours Florida mettait en location des personnes handicapées afin de vous faire éviter les files d'attente. Une bonne affaire : une heure de location d'une personne handicapée coûtait environ 130 dollars[8]. C'est bien la preuve que les événements festifs de demain, peut-être plus qu'avant, sélectionneront davantage en amont et se feront sur réservation, et ce afin d'accélérer l'entrée à tel ou tel établissement festif sans être obligé d'attendre notre tour au milieu d'une foule.

Cette extension du domaine de la sélection et de la réservation en amont (pour entrer dans un bar, accéder à un rooftop ou à une terrasse éphémère) correspondrait en effet à plusieurs tendances : principe de précaution sanitaire d'abord. Avant de pouvoir faire la « fête », il faudra montrer patte blanche et rassurer tout le monde. Au même titre qu'un médecin exige de vous que vous soyez à jeun avant une opération, un patron de bar prendra votre réservation en échange d'une attestation de bonne santé (le fameux passe sanitaire). Vous serez entre gens sains, propres, en bonne santé. Le passeport sanitaire sera donc aussi un passeport festif.

« Vous voulez danser ?

— Oui !

— Vos papiers et votre carnet de santé, s'il vous plaît. »

On voit ici tout simplement la continuité de la société du filtre. On filtre déjà nos défauts et nos horreurs sur nos photos Instagram, afin d'avoir la photo la plus propre possible. On filtre notre eau afin qu'elle soit la plus propre possible. On filtrera donc également les gens, beaucoup plus qu'avant, afin que la salle, la piste de danse et la terrasse soient le plus propre possible. Plus besoin de videur, d'ailleurs : la sélection aura été faite en amont, sur la base de critères sanitaires.

De toute façon, bien avant la crise, il fallait de plus en plus anticiper et donc réserver, pour tout, tout le temps : le restaurant, le cinéma, la place de parking, le casier de la salle de sport, le train et les avions – à moins de pouvoir se permettre de payer une somme astronomique –, réserver son emplacement sur la plage, réserver pour être dans les préventes d'un concert, réserver sa place pour aller voir un match du PSG, le stade étant, le jour du match, en permanence à guichets fermés. Et c'est normal : dans une société où les jeunes prennent du gaz hilarant pour rire, la fête ne peut plus être imprévue. Tout sera anticipé. *Exit* la douce spontanéité qui nous conduira inévitablement au recalage, au restaurant ou en boîte (« Ah, vous n'avez pas réservé ? Désolé... »). Vous devrez désormais être des bons élèves tout le temps : il faudra anticiper vos envies et vos besoins, programmer vos loisirs et vos plaisirs. Et, s'il vous vient l'envie brusque, presque animale, d'aller au cinéma, retenez-vous : il fallait y penser avant. Chaque soir, avant de vous coucher, il vous faudra donc vous demander : « De quoi vais-je avoir envie demain ? De quoi vais-je avoir besoin la semaine prochaine ? Que vais-je bien ressentir l'année prochaine ? »

En somme, la société « du progrès » et des algorithmes met fin à l'aléatoire, au caractère « authentique » du hasard (« Rien n'est réel sauf le hasard », dit Paul Auster dans *Cité de verre*), alors que, on le sait, les plus belles choses de la vie naissent de l'imprévu et de l'improbable, de l'inconnu et de la rencontre au coin de la rue. Dans une société du chiffre, structurée uniquement à travers des modèles mathématiques et des modélisations épidémiologiques censées nous dicter tout ce qui doit se passer dans les prochains jours, les prochaines semaines et les prochains mois, le hasard n'a plus sa place. Denis Grozdanovitch décrit avec brio la société vers laquelle on se dirige :

> « Le dommage provient, je crois, de la sorte de rationalité qui a prévalu dans l'ère moderne, laquelle est inféodée aux valeurs mathématiques uniquement (la science économique étant leur fille préférée), celles-ci ne tenant plus aucun compte des valeurs sensibles et instinctives [...]. Le paramètre est une notion géométrique qui ne participe – au sens pascalien – d'aucune

> « finesse » de perception [...]. Hélas, le type de pensées que ces grosses mécaniques-là nous produisent déjà ne peut que nous enfoncer, me semble-t-il, dans un monde de plus en plus déshumanisé – un totalitarisme numérique automatisé – où les moindres évaluations seront soumises aux données statistiques[9]. »

C'est ainsi. Fête et hasard ne feront plus bon ménage. Le hasard défait trop les choses.

La fête à la maison

On l'a déjà dit : les Français se sont recroquevillés durant le confinement sur leur sphère intime et personnelle, sur l'ultra proximité. Et cette tendance, déjà présente avant la crise sanitaire, va sans aucun doute laisser des traces sur notre société, et perdurer sur certains aspects. On sait d'ores et déjà que le télétravail a fait de nouveaux adeptes, et que le ringard de demain sera celui qui exigera encore d'aller à son bureau chaque matin.

Plus globalement, la crise n'a fait qu'accélérer un processus d'obsolescence des relations sociales. À force d'avoir voulu du sur-mesure et du chez-soi partout, l'autre est devenu l'exception, comme déjà dit plus haut. Alors pourquoi ne pas continuer à faire la fête à la maison, comme c'était déjà la tendance avant le confinement, comme on l'a vu avec la fin des boîtes de nuit ? Par ailleurs, de nouvelles entités sont depuis plusieurs années entrées dans nos chaumières : elles ont pour prénoms Alexa, Google, que sais-je encore. Ces assistants vocaux sont devenus des membres de la famille, dont le rôle s'est accentué durant la crise.

Alors que, avant la crise sanitaire, 46 % des détenteurs d'une enceinte connectée affirmaient formuler plusieurs requêtes par jour, ce chiffre serait passé à 52 % pendant, selon une étude menée conjointement par le service de radio publique américain NPR et par le cabinet de recherche Edison. D'ailleurs, sur les 1 015 participants interrogés, 36 % d'entre eux affirment utiliser davantage qu'avant la crise ces appareils pour la lecture de musique et de divertissements. Chez les 18-34 ans, ce taux passe à 54 %[10].

Ainsi, à quoi bon vouloir un DJ lorsqu'on le devient soi-même ? On a tous le souvenir d'un individu ne cessant de demander au DJ s'il n'avait pas telle ou telle chanson. C'est passablement insupportable. Mais, à une époque où vous êtes devenu tout à la fois : votre propre cuisinier, votre propre faiseur de pain…, il y a fort à parier que vous n'allez plus supporter de sous-traiter la musique sur laquelle vous allez danser.

Alors, oui, la fête à la maison posera des questions de voisinage. Car il est vrai que la crise que nous venons de vivre collectivement nous a fait découvrir un nouveau rapport au silence. Et que le silence fait désormais partie des standards à respecter. Dans des enquêtes réalisées auprès de la population tout au long du premier confinement, il était frappant de voir comment les individus citaient « le silence » comme un élément positif qu'ils expérimentaient pour la première fois. On entendait enfin le chant des oiseaux, le vent souffler[11]... Conséquence : un certain nombre de Françaises et de Français se sont habitués aux nouveaux standards de bruit, mais surtout aux nouveaux standards de silence dans la ville.

Résultat de tout cela : à Nantes, en mars 2021, un arrêté municipal a interdit aux livreurs à scooter de circuler en centre-ville de Nantes entre 23 h 30 et 7 h 30. Cette décision a été prise par la Mairie après les plaintes de riverains, mécontents des « nuisances sonores » entraînées par les nouveaux esclaves qui viennent livrer les gens qui font la fête chez eux[12]. Le droit à la sieste plus fort que le droit à la fête. La fête à la maison, mais en silence. C'est le propre d'une société qui veut des roses sans les épines... Attention, donc, car la fête à la maison, même si elle est plébiscitée, risque bien de voir se multiplier des dialogues comme ceux décrits par Topor avec le jeune Trelkovsky dans *Le Locataire chimérique*[13] :

> « Mais, monsieur, je vous assure, je reçois quelques amis et nous parlons tranquillement.
>
> — Tranquillement ? s'indigna l'homme en montant le ton. J'habite au-dessus de chez vous et j'entends tout ce que vous dites. Vous remuez des chaises, vous marchez en faisant du bruit avec vos chaussures. C'est intenable. Est-ce que vous avez l'intention de continuer longtemps ? »

Conclusion

Ainsi se clôture ce petit tour dans ce qui était le festif jadis, dans ce qui croit l'être aujourd'hui et ce qui pourrait l'être demain. De l'époque d'Édith Piaf à celle de Booba, des bals populaires à la défonce à la maison, des boîtes de nuit de province au chemsex parisien.

Évidemment, si on fait le bilan, on peut considérer que celui-ci n'est pas fameux. Que tout cela donne le sentiment d'une société déjà endormie – voire déjà morte – avant la crise, et qu'il n'y a aucune raison pour que tout cela cesse.

On a dit que la fête telle que nous la connaissions jadis était de l'histoire ancienne, que Narcisse avait fait la peau de Dionysos et que, à force d'être partout de façon factice, la fête n'était maintenant nulle part. On a vu que les gens n'avaient plus besoin de pistes pour danser, et que la fête à la maison apparaissait comme un bon compromis pour répondre au besoin de sécurité et pour faire face à la disparition des lieux festifs tels que les boîtes de nuit, les bistrots ou les bals populaires.

Peut-être que, dans cette salade composée, on peut malgré tout défendre encore deux ou trois principes, tout simplement pour ne pas devenir totalement idiot et rabat-joie.

Premièrement, si la fête n'est plus, c'est qu'il n'y a plus aucune distinction entre les espaces : les espaces de fête et de non-fête, les espaces sérieux et les espaces de relâchement, la société des adultes et la société des enfants. Cette absence de frontières, de séparation des espaces, ce grand flux permanent sont à mon sens l'une des raisons principales des différentes crises que nous connaissons, et même de la crise démocratique. Quand un responsable politique se met à jouer à l'homme « normal », il ne peut venir se plaindre d'être traité comme un homme comme les autres. Il en est de même pour la fête : quand la fête n'est pas séparée du reste, il n'est pas possible d'avoir des individus qui adoptent un comportement léger, drôle et relâché lors d'une fête. Ainsi, si nous devions faire une proposition, ce serait de militer pour la réhabilitation des limites et la séparation des espaces. Au même titre qu'il ne peut y avoir d'espace profane sans espace sacré, il ne peut y avoir d'espace sérieux sans espace festif *séparé du reste*. C'est d'ailleurs l'une des questions qui se posent à nos sociétés avec l'essor du télétravail : il ne peut y avoir d'intimité sans espace professionnel. Par conséquent, défendre la fête, c'est lutter contre le flux et le mélange de tout dans tout.

Deuxièmement, il est grand temps de retrouver un esprit léger. Le moralisme continu est invivable. L'espace public ne peut pas être un épisode de « Loft

Story », avec le fameux confessionnal qui vous permet de raconter vos petites angoisses. En somme, il est peut-être temps de moins s'exprimer. D'une façon générale, partez du principe que, dans une société narcissique, tout le monde s'intéresse à soi. Donc pourquoi croire que ce que vous dites de vous intéressera autrui ?

Enfin, et c'est lié, il est temps de militer pour le retour de la pudeur. Il s'agit de revendiquer ici la pudeur comme « vertu fragile au même titre que la modestie ou l'humilité », ainsi que l'énonce le philosophe Éric Fiat, et non de revendiquer comme certains extrémistes religieux la « mode pudique[1] ». Se cacher sur les réseaux sociaux n'est pas la même chose que se cacher le visage. Évidemment, on connaît les limites de la pudeur. « Celui qui se proclame comme pudique, immédiatement, devient impudique. […] La pudeur ne saurait donc se prescrire[2]. » Mais peut-être pouvons-nous profiter de ce moment pour l'encourager. Ou tout du moins pour faire l'éloge du noble secret, vu comme protection et non comme conspiration, le secret comme modestie et non comme ruse, le secret comme discrétion et non comme machination. Si la fête est encore possible demain, ce sera forcément avec plus de pudeur. Sans photos. La fête sans se dire, sans se montrer. La fête avec une part de secret.

Faisons preuve d'un peu de « décence » dans la folie festive, adoptons une certaine « éthique comportementale ». Car à tant se fêter soi-même, on ne fera plus jamais la fête ensemble.

Remerciements

Mes remerciements chaleureux pour leur amitié, leur confiance, leur relecture et leurs conseils :

À la Fondation Jean-Jaurès, à Laurent Cohen, Gilles Finchelstein, et Henri Nallet.

À Frédéric Potier, à Clara Bamberger, à Renaud Large.

À David Medioni et *Ernest Mag* pour l'accueil fidèle de mes chroniques qui ont alimenté en partie les réflexions tenues dans ce livre.

À Jérôme Fourquet et à François Kraus.

Aux équipes des Éditions de l'Observatoire, à Muriel Beyer, Laurent Nunez, Manon Kauffmann, Chloé Iacono.

À toutes mes amies, à tous mes amis, à tous mes compagnons de blagues (Olivia, Julien, Xavier, Thierry, Sébastien, Mathieu, Eva, Iannis, Rudy), à mes parents, ma famille et mes frères pour l'apprentissage de l'insouciance lors des fêtes sarthoises.

À tous les joyeux lurons qui survivent dans cette époque et qui tâchent de faire danser la vie autant que faire se peut.

À Nina, évidemment.

Notes

Introduction

1. « Fractures françaises : vague 8 », Ipsos, *Le Monde*, Fondation Jean-Jaurès, Institut Montaigne, septembre 2020.

2. Hugo Wintrebert, « La fin du VIP Room Paris, et d'une vision "bling-bling" révolue du monde de la nuit », *Le Monde*, 6 novembre 2020 : https://www.lemonde.fr/m-le-mag/article/2020/11/06/rip-le-vip-room-paris_6058785_4500055.html

3. Christine Laemmel, « La fermeture des librairies est-elle un problème de bourges ? », Slate, 3 novembre 2020 : http://www.slate.fr/story/196738/librairiesouvertes-combat-fantasme-livres-librairies-centre-villes-zones-commerciales-inegalites-culture-lecture

4. https://www.lci.fr/justice-faits-divers/fete-clandestine-rave-party-a-lieuron-en-bretagne-quatre-personnes-placees-en-garde-a-vue-2174839.html

5. https://www.francebleu.fr/infos/insolite/la-bamboche-c-est-termine-les-mots-du-prefet-du-centre-val-de-loire-pour-parler-du-couvre-feu-font-1603549989

6. Philippe Muray, *Après l'histoire*, volumes 1 et 2, Les Belles Lettres, 2000.

7. Gilles Lipovetsky, *Le Bonheur paradoxal*, Gallimard, 2006.

8. Michel Houellebecq, « Je ne crois pas aux déclarations du genre "rien ne sera plus jamais comme avant" », France Inter, 4 mai 2020 : https://www.franceinter.fr/emissions/lettres-d-interieur/lettres-d-interieur04-mai-2020

9. Voir à ce propos Vincent Cocquebert, *La Civilisation du cocon. Pour en finir avec la tentation du repli sur soi*, Arkhê, 2021.

10. https://www.midilibre.fr/2021/04/09/loft-story-20-ans-apres-que-sont-devenus-les-candidats-de-lemission-phenomene-9477821.php

1. Le (bon) sens de la fête ou la fête dans le bon sens

1. In *La Fêlure*, Folio, 2014.

2. France Ortelli, *Nos cœurs sauvages*, Arkhê, 2021.

3. James Cameron, 1998.

4. In *Une maison de grenades*, Gallimard, « Bibliothèque de la Pléiade », 1996.

5. Gustave Flaubert, *Madame Bovary*, Paris, 1856.

6. Léon Tolstoï, *La Guerre et la Paix*, livre II, troisième partie, chapitre 15, traduit du russe par Henri Mongault, Pierre Pascal (éd.), Gallimard, « Bibliothèque de la Pléiade », 1945.

7. *La Peinture préhistorique. Lascaux ou la naissance de l'art*, Skira, 1955.

8. Pierre Salvadori, 2006.

9. Jean-Claude Kaufmann, *C'est fatigant, la liberté... Une leçon de la crise*, Éditions de l'Observatoire, 2021.

10. Arkhê, 2017.

11. *The Great Gatsby*, Scribner, 1925.

12. Peter Mayle, *Dictionnaire amoureux de la Provence*, Plon, 2006.

13. André Comte-Sponville, *L'Inconsolable et autres impromptus*, PUF, 2018.

14. In *Prélude de Pan et autres nouvelles*, 1932.

15. In *Les Chansons des rues et des bois*, 1865.

16. *Op. cit.*

17. *Le Bal des célibataires. Crise de la société paysanne en Béarn*, Seuil, 2015.

18. *La Guerre et la Paix, op. cit.*

19. Odile Jacob, 2017.

20. Yves Robert, 1965.

21. *Les Copains, op.cit.*

22. *Amici miei*, 1975.

23. *La Vie rêvée du joueur d'échecs*, Grasset, 2021.

24. C'est également la reprise d'un vers de Jean Monnet dans sa pièce *L'Inconséquente ou le Fat dupé*, 1787 : « Bon, tous ces regrets sont superflus ; quand on vient au bal, c'est pour danser. »

25. 1836.

26. Grasset, 1994.

2. Pourquoi la fête est-elle malade ?

1. Philippe Muray, *Après l'histoire*, *op. cit.*

2. *Ibid.*

3. *Ibid.*

4. https://www.parispousse.fr/blogs/blog-paris-pousse/un-evenement-en-grande-pompe-avec-des-tres-grands-palmiers-pour-louboutin

5. https://www.lsa-conso.fr/a-la-defense-sephora-multiplie-les-services, 324911

6. Éditions de l'Observatoire, 2018.

7. *Happycratie. Comment l'industrie du bonheur a pris le contrôle de nos vies*, Premier Parallèle, 2018.

8. Éditions de l'Observatoire, 2021.

9. Seuil, 2019.

10. « Essentiel du jeu vidéo. Bilan marché 2020 », Syndicat des éditeurs de logiciels de loisirs, mars 2021 : https://www.sell.fr/news/bilan-marche-jeu-video-2020?utm_source=twitter&utm_medium=social&utm_campaign=essentiel+du+jeu+video+mars+2021

11. Voir « Jeux vidéo : 2020, année record en France », *Le Parisien*, 3 mars 2021 : https://www.leparisien.fr/high-tech/jeux-video-2020-annee-record-en-france-03-03-2021-73WETVZZXNEWXJSFKJANTP6JSE.php

12. « Phénomène : la folie Lego, entre spéculation et colère des fans », *Le Parisien*, 28 mars 2021 : https://www.leparisien.fr/economie/consommation/phenomene-la-folie-lego-entre-speculation-et-colere-des-fans-28-03-2021-8430054.php

13. Stock, 2021.

14. Sur les fêtes politiques, voir Jacques Julliard, « Les fêtes politiques », *Histoire de la France urbaine. Croissance urbaine et crise du citadin*, tome 5, Seuil, 1985.

15. *Le Moment fraternité,* Gallimard, 2009.

16. Cérémonie vulgaire qui fut un naufrage sans humour, où la légèreté fut abandonnée au profit de caricaturaux discours militants.

17. https://www.lejdd.fr/Culture/Cinema/marina-fois-et-roschdy-zem-au-jdd-les-cesars-doivent-rester-une-fete-4029557

18. « Baromètre de la confiance politique », étude OpinionWay réalisée pour Cevipof-Sciences Po en partenariat avec la Fondation Jean-Jaurès, la Fondation pour l'innovation politique, l'Institut Montaigne, le Conseil économique et social : https://jean-jaures.org/nos-productions/en-quoi-les-francais-ont-ils-confiance-barometre-2021

19. Mars 2021.

20. https://www.francetvinfo.fr/sante/maladie/coronavirus/confinement-la-delation-represente-jusqu-a-70-des-appels-dans-certaines-grandes-agglomerations-selon-le-syndicat-alternative-police_3914689.html

21. *Ibid.*

22. https://france3-regions.francetvinfo.fr/occitanie/haute-garonne/toulouse/peur-du-coronavirus-ses-voisins-lui-demandent-quitter-son-appartement-elle-est-aide-soignante-toulouse-1805646.html

23. Philippe Muray, *Après l'histoire*, *op. cit.*

24. *Op. cit.*

25. https://actu.fr/normandie/caen_14118/crematorium-de-caen-quelles-sont-les-chansons-les-plus-ecoutees-lors-des-ceremonies_37039132.html

26. *Op. cit.*

27. Gilles Lipovetsky, *Le Bonheur paradoxal*, *op. cit.*

28. *Ibid.*

29. *Ibid.*

30. https://www.chien.com/le-chien-50/les-10-pays-d-europe-qui-comptent-le-plus-de-chiens-la-france-18491-4_5.php

31. https://www.ifop.com/publication/tel-maitre-tel-chien-ou-chat-les-francais-et-leurs-animaux-de-compagnie/

32. « Baromètre de la confiance politique », *op. cit.*

33. « Baromètre des émotions », étude réalisée par ViaVoice pour la Fondation Jean-Jaurès et *Le Point.*

34. https://www.forbes.fr/business/sur-ebay-deja-500-000-annonces-liees-a-la-revente-de-cadeaux-de-noel/

35. Éric Toledano, Olivier Nakache, 2017.

36. Sondage OpinionWay pour Oppo, mars 2021.

37. https://www.leparisien.fr/societe/mavachou-quand-la-celebrite-sur-internet-vire-au-cauchemar-20-03-2021-63Y6PBU2QJDX7LGFLHVLCISFM4.php

38. *Les enfants sont rois*, Gallimard, 2021.

39. *Op. cit.*

40. Sources : Observatoire du fitness, Union Sport & Cycle, octobre 2017.

41. Jean-Pierre Le Goff, *La Société malade*, *op. cit.*

42. https://www.nicematin.com/insolite/jinspire-et-jexpire-une-adjointe-ecologiste-eelv-organise-une-seance-de-meditation-en-plein-conseil-municipal-671854

43. https://www.franceinter.fr/en-therapie-la-serie-la-plus-vue-de-l-histoire-d-arte

44. https://www.ouest-france.fr/medias/netflix/netflix-la-serie-le-jeu-de-la-dame-remet-les-echecs-au-gout-du-jour-7108693

45. https://www.leparisien.fr/high-tech/cest-quoi-clubhouse-le-reseau-social-hyper-selectif-qui-intrigue-04-03-2021-EZ2BLLLTDJHQ7FFWQNADI2IOTA.php

46. Gallimard, 1959.

47. *La Société malade*, *op. cit.*

48. https://www.lefigaro.fr/culture/emmanuel-macron-renonce-a-la-pantheonisation-d-arthur-rimbaud-aux-cotes-de-paul-verlaine-20210114

49. Philippe Muray, *Après l'histoire*, *op. cit.*

50. https://www.neonmag.fr/tiktok-instagram-twitter-comment-la-danse-sest-emparee-des-reseaux-sociaux-en-confinement-555144.html

51. https://www.lexpress.fr/tendances/voyage/entrez-tous-dans-la-danse_1207837.html

52. https://jean-jaures.org/nos-productions/once-upon-a-time-in-seine-et-marne-histoire-et-sociologie-de-la-danse-country-en

53. « Coronavirus : l'épidémie booste… la vente de sex-toys », *Le Parisien*, 17 mars 2020.

54. « Coronavirus : Dorcel, Pornhub, Jacquie et Michel sont désormais gratuits », *20 minutes*, 17 mars 2020.

55. Jean-Claude Kaufmann, *C'est fatigant, la liberté…*, *op. cit.*

56. Ifop, « État des lieux de la vie sexuelle et affective des Français durant le confinement », avril 2020.

57. France Ortelli, *Nos cœurs sauvages*, *op. cit.*

58. France Ortelli, *Nos cœurs sauvages*, *op. cit.*

59. *Au petit bal perdu*, 1961.

60. https://www.out-the-box.fr/24-faits-choquants-sur-le-temps-gaspille-en-toute-une-vie/

61. Nicolas Bedos (preface), *Incorrect*, Le Cherche-Midi, 2020.

62. https://www.ifop.com/publication/metoo-on-the-beach-du-monokini-au-burkini-un-retour-de-la-pudeur/

63. https://france3-regions.francetvinfo.fr/occitanie/pyrenees-orientales/perpignan/seins-nus-interdits-plage-sainte-marie-mer-gendarmes-demandent-femmes-se-rhabiller-1865524.html

64. https://madame.lefigaro.fr/style/qui-veut-la-peau-du-crop-top-140920-182304

65. https://www.ifop.com/publication/droit-au-blaspheme-laicite-liberte-denseignement-les-lyceens-daujourdhui-sont-ils-paty/

66. https://jean-jaures.org/nos-productions/droit-au-blaspheme-caricatures-liberte-d-expression-les-francais-sont-ils-encore

67. https://www.ifop.com/publication/droit-au-blaspheme-caricatures-liberte-dexpression-les-francais-sont-ils-encore-charlie/

68. Voir à ce propos Jérémie Peltier, « Vous nous faites chier ! », Ernest, 2020.

69. Jérôme Fourquet, *L'Archipel français*, *op. cit.*

70. Actes Sud, 2020.

71. Henri Bergson, *Le Rire. Essai sur la signification du comique*, Félix Alcan, 1900.

72. Philippe Muray, *Après l'histoire*, *op. cit.*

73. https://www.lemonde.fr/afrique/article/2020/12/15/psg-basaksehir-le-racisme-doit-etre-pris-au-serieux-car-il-met-en-peril-les-fondements-du-football_6063468_3212.html

74. https://tvmag.lefigaro.fr/programme-tv/barbara-pompili-invitee-dans-top-chef-ce-concours-fait-passer-des-messages_7dff643e-9166-11eb-8804-00a9374ab700/

75. Destin Commun, « La France en quête : Médias », 2019.

76. Xavier Gorce a démissionné après que *Le Monde* s'est excusé auprès de ses lecteurs d'avoir publié l'un de ses dessins.

77. https://m.cheekmagazine.fr/contributions/titanic-jack-dawson-mansplaining/

78. *Le Bal des casse-pieds.*

79. Cité dans *Incorrect*, *op. cit.*

80. https://www.bfmtv.com/police-justice/terrorisme/un-attentat-visant-des-boites-de-nuit-gay-dejoue-a-paris-selon-gerard-collomb_AN-201709120052.html

81. Flammarion, 2019.

82. Gallimard, 1964 et 2011 pour la traduction française.

83. https://www.lemonde.fr/livres/article/2015/12/25/traite-sur-la-tolerance-et-paris-est-une-fete-best-sellers-inattendus_4838098_3260.html

84. « Courage », *Au rendez-vous allemand*, 1944.

85. https://www.amazon.fr/narr%C3%AAte-pas-connerie-Jean-YANNE/dp/2749115167/ref=sr_1_2?__mk_fr_FR=%C3%85M%C3%85%C5%BD%C3%95%C3%91&dchild=1&keywords=Jean+Yanne&qid=1616251795&s=books&sr=1-2

86. In *La Société malade*, *op. cit.*

87. https://www.youtube.com/watch?v=juAORsvotSQ

88. In *La Fêlure*, Gallimard, 1963 pour la traduction française.

3. Crises de la fête et nouvelles formes de déglingues

1. https://www.francetvinfo.fr/societe/boite-de-nuit-la-fin-d-une-epoque-en-france_3799859.html

2. *Incorrect*, *op. cit.*

3. https://www.securite-routiere.gouv.fr/reglementation-liee-aux-risques/reglementation-de-lalcool-au-volant

4. https://www.grazia.fr/news-et-societe/news/pourquoi-la-generation-y-n-aime-plus-sortir-en-boite-809936

5. https://www.grazia.fr/news-et-societe/news/pourquoi-la-generation-y-n-aime-plus-sortir-en-boite-809936

6. *Op. cit.*

7. Sondage Ifop pour Tousaulit.com, réalisé par questionnaire auto-administré en ligne du 20 au 21 avril 2021 auprès d'un

échantillon de 1 014 personnes, représentatif de la population française âgée de 18 ans et plus.

8. https://www.ouest-france.fr/societe/les-jeunes-preferent-la-fete-la-maison-plutot-quen-boite-de-nuit-3552124

9. *Op. cit.*

10. http://foodandsens.com/made-by-f-and-s/chefs-on-parle-de-vous/records-daudience-pour-la-premiere-de-top-chef-saison-12-sur-m6-hier-soir/

11. https://www.programme-tv.net/news/evenement/koh-lanta-koh-lanta-les-armes-secretes/272137-koh-lanta-les-armes-secretes-succes-pour-le-lancement-de-la-nouvelle-saison-qui-bat-un-record-daudience/

12. Décembre 2020-janvier 2021.

13. Benoît Coquard, *Ceux qui restent. Faire sa vie dans les campagnes en déclin*, La Découverte, 2019.

14. http://www.odoxa.fr/wp-content/uploads/2020/02/Etude-Odoxa-pour-Heineken-Lieux-de-sociabilite-cafes.pdf

15. Michel Sardou, *Les Bals populaires*.

16. https://www.francetvinfo.fr/sante/maladie/coronavirus/covid-19-et-bals-populaires-l-accordeon-a-le-blues_4133553.html

17. https://www.leparisien.fr/oise-60/oise-confinement-et-ping-pong-la-recette-du-succes-pour-cornilleau-10-08-2020-8365950.php

18. Flammarion, 2002.

19. M. Agulhon, P. Cabanel, G. Mailhos, R. Pech, *Les Mots de la République*, Presses universitaires du Midi, 2007.

20. Benoît Coquard, *Ceux qui restent*, *op. cit.*

21. Gilles Lipovetsky, *Le Bonheur paradoxal*, *op. cit.*

22. *Op. cit.*

23. Gilles Lipovetsky, *Le Bonheur paradoxal*, *op. cit.*

24. *Ibid.*

25. Observatoire français des drogues et des toxicomanies.

26. « La première gorgée d'ecstasy », in *Nouvelles sous ecstasy*, Gallimard, 1999.

27. In *L'Archipel français*, *op. cit.*

28. *GQ*, mars 2021.

29. https://tetu.com/2021/03/12/la-ville-de-paris-va-mettre-en-place-un-plan-de-reduction-des-risques-lies-au-chemsex/

4. La fête demain ? Quatre tendances

1. Philippe Muray, *Après l'histoire*, *op. cit.*
2. Pierre-Philippe Berson, « Assis soient-ils », *Society*, n° 137, du 6 au 19 août 2020.
3. « Le Bien-être en France », rapport 2020, Cepremap, février 2021 : http://www.cepremap.fr/evenements/le-bien-etre-en-france-rapport-2020/
4. « La première semaine de confinement propulse les jeux de société et les puzzles au sommet des ventes en France », *NPD Group*, 31 mars 2020 : https://www.npdgroup.fr/wps/portal/npd/fr/actu/communiques-de-presse/la-premiere-semaine-de-confinement-propulse-les-jeux-de-societe-et-les-puzzles-au-sommet-des-ventes-en-france/
5. « Croûte que croûte », *Society*, du 25 mars au 7 avril.
6. https://2020.byspotify.com/fr?locale=fr
7. https://www.out-the-box.fr/24-faits-choquants-sur-le-temps-gaspille-en-toute-une-vie/
8. https://www.huffingtonpost.fr/2013/05/15/disney-world-location-guides-handicapes-files-attente_n_3280881.html
9. In *La Vie rêvée du joueur d'échecs*, *op. cit.*
10. https://www.nationalpublicmedia.com/uploads/2020/04/The-Smart-Audio-Report_Spring-2020.pdf
11. Jérôme Fourquet, *En immersion. Enquête sur une société confinée*, Seuil, 2020.
12. https://www.francebleu.fr/infos/transports/les-livreurs-a-scooter-interdits-de-circuler-en-centre-ville-de-nantes-les-restaurateurs-mecontents-1615312467
13. Roland Topor, *Le Locataire chimérique*, Buchet/Chastel, 1964.

Conclusion

1. Adèle Van Reeth, Éric Fiat, *La Pudeur*, Plon/France Culture, « Questions de caractères », 2016.
2. *Ibid.*

Table

Composition et mise en pages
Nord Compo à Villeneuve-d'Ascq

CET OUVRAGE
A ÉTÉ ACHEVÉ D'IMPRIMER
SUR ROTO-PAGE
PAR L'IMPRIMERIE FLOCH
À MAYENNE EN SEPTEMBRE 2021

N° d'impression : 99024
Imprimé en France